怪談手帖
遺言

徳光正行

目次

鏡越し

「やっぱり不動産業をなさっていると、いろいろ不思議なことってあるんですか？」

私の問いかけに湊さんは、

「そういえばなかなかの話がありましたよ」と話してくれた。

「濃いブルーのワンピースを着た女が、洗面所の鏡越しに睨《にら》んでくる」

決まって同じクレームが入る物件があった。

住居者は早い人で一週間、長くても三か月で引っ越しをしてしまう。

日当りも良く見晴らしも良い広々とした一ＬＤＫで、物件としては悪いものではなかったが、毎度同じ理由のクレームが寄せられる。

湊さんを含めて全社員がこの物件に対して頭を抱えていた。

もちろん、その話があるたびに内々で、鏡も換えていたしお祓いもしていた。

しかし、まったく効果はなく、同じことの繰り返しだった。さらに所謂《いわゆる》曰《いわ》く付き事故物件であったかというと、そういった事実も皆無だったのだ。

「こうなったら、俺たちで確かめてみよう」

社長が突然言い放った。湊さん含めた社員たちが目を見合わせていると、

「そうですね、私が泊まって実況中継しますよ」

後輩社員の加藤が立ち上がった。

まるで出来レースのように息の合った二人である。

「じゃあ、今晩、加藤に行ってもらって、営業担当は全員会社で待機して、加藤の実況中継を聞こう」

（えっ）

社長と加藤以外の社員は困惑したが、社員一〇人ほどの会社なので声を上げて反対もしづらかった。結局、営業担当の男性五名が居残ってその夜に決行されることになった。

ＳＮＳなどない、ガラケーのみの時代である。携帯の音声のみでのやり取りである。

『こちら加藤です。今から部屋に入ります』

社に残った社長や湊さんたちは、加藤とつながっているガラケーを机の上に置くと、音声をスピーカー状態にして聞き耳を立てている。

「なにかあったら、しっかり伝えるんだぞ」

社長が強い口調で言うと、

『了解しました。今、洗面所の鏡の前です、これといってなんにも映ってないです』

至って冷静な口調で加藤が話す。

「今晩そこでいられるか？」

という社長の言葉に、

『全然大丈夫ですよ。寝袋も持ってきてますが、できるだけ洗面所に詰めてます。自分、霊とか全然信じてないんで。今すぐ出てきてくれりゃ早いのに、女の霊、カモン』

加藤はふざけたことを返している。

「調子に乗るなよ。我が社の物件なんだから……」

社長が言い終わる前に――。

『ふざけてるのはおまえらだ！』

女の怒声がガラケーから響く。社内の人間はみな固まった。

「なんなんだいったい」

我に返った湊さんがガラケーを取り上げるが、通話は途切れてしまっている。加藤に何度も電話をしたが、通話中である「プーップーップー」という音がスピーカーから鳴り響くのみだ。

「まずいことになってるんじゃないか。湊、一緒に物件まで行ってくれるか？」

社長が青褪《あおざ》めている。嫌だとはさすがに言えない。後輩がなにか不測の事態に陥っている可能性もあるし、湊さんは社長と二人で急ぎ物件に向かった。

チャイムを鳴らすが反応はない。鍵を開け中に入ると、リビングへと続く廊下の途中、うつ伏せに倒れている加藤の足が洗面所から飛び出している。

「加藤、加藤！」

抱き起こすと、肩を揺すったり頰《ほお》を叩く。やがて虚《うつ》ろな目をしながら加藤は意識を取り戻した。

「社長、湊さん――この部屋やばいです、とにかく外に出ましょう」

とりあえずはいったんマンションを出て、停めてあった営業車へと三人は乗りこんだ。


「突然電話が切れたんです」

ようやく人心地ついたのか、加藤が説明しはじめた。

「僕が、女の霊、カモン、と言ったら乱暴に電話が切られたんです。社長が怒ったと思ってあわててかけ直したんですがつながらなくて。そっちからかけてくるのではと思ってしばらく待っていたら、着信音が鳴ったので――」

電話に出てみると、

『ふざけてるのはおまえらだ!』

聞いたことのない女の怒声が聞こえる。加藤は躊躇《ちゅうちょ》したが、むっとして返した。

「え、誰? ふざけてないんですけど?」

その瞬間、視界に青い影が映ったので思わず顔を上げた。そこは洗面所の鏡である。

自分の顔が映っているその背後、深いブルーのワンピースを纏《まと》った女が怖ろしい形相で睨んでいた。

「ヒッ」

加藤がたじろいだところ、下腹部にドンッと衝撃を受け——そこから記憶がないので、卒倒してしまったのだろう。

「そうだったのか。今日はこのまま帰ったほうがいいな」

社長の言葉に湊さんが車のエンジンをかけると、

「ちょっと待ってください。部屋のブレーカー下げてないですよ」

加藤が思い出したように言ってきた。部屋の電気は出る寸前に消したのは覚えていたが、さすがにブレーカーまで気が廻らなかった。

「明日でいいですよね、社長」

湊さんはそう言ったが、社長は「下ろしていく」と言う。

湊さんはひとりで行くのはさすがに嫌だと言い、社長が一緒にいくことになった。

加藤は車にひとりで残されるのは怖いと言い、結局三人で部屋まで戻ることになった。

ブレーカーは玄関にある。奥まで入らずにさっと下ろせるはず。

恐る恐る鍵を回してドアを開けた。玄関と廊下の電気をつけた。

「ああああ」

三人は腰を抜かさんばかりに驚いた。

廊下には濡れた足跡が無数に残され、玄関先では水たまりになっていた。

まるで濡れた何者かが、いまさっきまでここに立っていたかのように。

翌日、社長の判断でその物件を扱うことはなくなったという。


「その物件ってまだあるんですか？」私が問うと、

「ありますよ、都内のK区に」

湊さんはそう言うと、スマホでその物件の情報を見せてくれた。

そこには「駅まで徒歩三分、日当り良好、敷金礼金三か月無料サービス中」という文字が躍っていた。

近々見学に行かせてもらえないだろうかと、話をしてみようと思っている。

防砂林の秘め事

杉田さんが小学校高学年時代なので、かれこれ四〇年ほど前の話である。

「今度さあ、防砂林に行かねえ?」

杉田さんの悪友の和久井が言ってきた。

「大量のエロ本が捨ててあるの、この間見つけたんだ」

得意げに和久井が続けてきた。

「嘘~マジで! 行こう行こう」

杉田さんは食いつく。思春期目前の年齢ということもあり、杉田さんのまわりにいた男子もこぞって話に加わってくる。

ネット環境が充実している今では考えられないかもしれないが、当時「女の裸」までの道のりは大変険しいものだった。AVなどはなく、小学生ゆえに本屋でエロ本を購入することなどもできっこない。そんなエロに興味津々の子供にとって、捨ててあるエロ本が唯一の「女の裸」との接点だったのだ。

放課後、和久井を先頭に杉田さんたちは、喜び勇んで防砂林に向かった。

防砂林とは、海岸沿線の住宅街に浜の砂が飛んでこないよう、敷居のように植林された松林である。松林ゆえに視界も悪いので、子供は立ち入らないよう言われていたが、悪ガキたちにとっては格好の遊び場でもあった。

和久井が案内した場所は防砂林の中ほど、強い風に幹を捻《ね》じ曲げた松が入り組んだ場所であった。その根元に、あるわあるわ、紙袋に入れられたエロ本の山々。

彼らは狂喜乱舞した。なるべく雨風に触れない場所へとそれらを移動させ、以来、彼らは放課後になると防砂林に通いつめた。

しかし、新たなエロ本が捨てられることはなく、そこにあった物をひと通りを読み終えると、防砂林へと足を向けるペースは週一回となった。そんなある日。

「これ、女物のパンツじゃね？」

誰かが声をあげた。指さす先には、周りの色から浮き上がるように鮮やかなピンクの小さな布切れが落ちている。

　今までエロ本でしか見たことのない「パンティ」が目の前にある。皆の興奮は最高潮に達した。我先にそのディティールを確認すべく奪い合った。

「女ってこんなの履いてるんだ」

「小っちゃくて、くしゃくしゃになるんだね」

　無意味な意見交換がなされた。

　これを知っただけで、そこにいた全員が少し大人になった気がしたそうだ。

　エロ本と違い「パンティ」は、なぜか時々違うものが捨てられていた。時にはブラジャーも。ペースダウンした習慣は再び日課に戻った。

「授業なんて早く終われ、防砂林に急がないと」

　誰もがそう思いながら、午後の退屈な授業を受けていた。

　その日も日課を遂行すべく防砂林に向かった。

　到着すると同時に、和久井が顔をしかめて大声で叫んだ。

「なんか今日、臭くねえか、うんこ臭《くせ》え〜」

「臭え〜、臭え〜」

全員が反応し、笑いふざけながらはしゃぐ。

ふと杉田さんが足下を見ると、そこには茶色に汚れた「パンティ」が転がっている。糞尿に塗れているのだ。

「うわ、汚ねえ。杉田、踏んだだろ？」

和久井が騒ぎ出す。所詮は小学生である、そっちのシモで大盛り上がりになった。

その中、ひとりが狂ったように声を上げた。

「ぎゃー、上、上」

皆が見上げたその先に、松の太い幹に添うようにひとりの女性がぶら下がっていた。緑がかった白い皮膚に、首が異様に伸び切ってしまっている。

「なんだよ、どうしょう、どうしよう」

杉田さんと和久井はパニックになり、その場で呆然としながら戸惑っていた。というか、足が動かなくなっていたみたいだ。

暫くすると、パトカーのサイレンが聞こえてきた。

どうやら、その場から逃げ出した誰かが近くの家に知らせに行ったらしい。駆けつけた警察官に連れられて、杉田さんや和久井をはじめその場に留まった全員は近くの警察署に連れて行かれ事情を訊かれることとなった。

防砂林に行った理由――大人に尋問されれば、子供はすぐに話してしまう。エロ本にはじまり、その後は「パンティ」目当てで通ったことを。

廊下に出るとそれぞれの保護者が憤怒に満ちた表情で待ち構えており、父親に張り倒され号泣する者がいる。杉田さんも両親からこっぴどく絞られた。

当然だが、それ以来、誰も防砂林には寄り付かなくなった。

そして数週間が経った頃のこと。夜半に数名の警察官が自宅にやってきた。玄関先で両親と警察官が神妙な面持ちで話している。杉田さんが近づこうとすると父親があっちへ行ってろとばかりに手で追い払う。

やがて、警察官が帰り、父親から居間に呼び出された。

「防砂林でおまえらがしていたことは、決して褒められたことではない。ただ――自殺者の第一発見者にはなったみたいだ。亡くなってさほど時間も経っていなかったことが良かったと礼を言われた、以上だ。もう二度と近づくなよ、あんな場所に。わかったら寝ろ」

翌朝、学校に行くと仲間のそれぞれが同じことを親に言われたという話になった。

和久井は休みだった。珍しいことだったが、その日は特に気にしていなかった。

しかし二日過ぎ三日過ぎても、和久井は学校に来ない。担任教師に聞いても、

「ただの風邪」

と言うだけだ。和久井の家に電話をしてもコール音が鳴るだけで応答はない。

そして、一週間。

「和久井くんは家庭の事情で急に転校することになった。皆によろしくと言っていた。じゃあ、授業をはじめるぞ」

担任教師はそれだけを言うと、授業を始めた。

杉田さんたちは不審に思い、その日の放課後、和久井の家に向かった。本当に引っ越し後のようで、和久井の家は空き家然としていた。

和久井がいなくなってから数週間が経ったある放課後、剛田が仲間を集めると話し始めた。

「母ちゃんが言ってたのを聞いたんだ。防砂林で、男がたくさんの女の人を襲ってたんだって。で、俺たちが見つけたのは、襲われた後に自殺しちゃった人で、俺たちが発見したおかげで事件が発覚して犯人がわかったんだって」

襲われる、という本当の意味をうっすらとわかっていた杉田さんたちは息を呑んだ。

「その襲ってた犯人っていうのが、和久井の兄ちゃんだったたってさ」

話によると、杉田さんたちが自殺した女の人を発見した夜以来、和久井の兄の様子がおかしくなったのだという。毎晩、家族が寝静まった頃に「あの女が来た！　あの女が来た！」と錯乱して叫び出すのだ。

やがて、その尋常でない様子に両親が問い質したところ、兄は防砂林に女を連れ込んでは乱暴していたことを告白した。両親の説得に応じて兄は結局自首をしたのだが、息子の逮捕とともに和久井の家族は、夜逃げをするように街を出て行ったのだ。

杉田さんたちは言葉を失った。

いろいろな衝撃は走ったが、なにより自分たちが興奮していたあの「パンティ」が乱暴された人のものだったというのが、杉田さんは一番ショックだった。


その日以来、思い出すこともあまりないが、ふと思うことがあるという。

「事件解決に繋がったのは、自殺した女の人を僕たちが早期に発見したからだったのか。それとも、和久井の兄ちゃんの元に〝あの女〟が毎晩、現れていたからなのか。本当はどっちだったのかなって」

杉田さんはそう言って話を締めた。

傘ハウス

ひとり暮らしをしている木島くんのアパートは路地の奥まったところにあるのだが、その数十メートルの通り道に一軒の空き家がある。ついこの間まで人が住んでいたといった感じの一軒家である。

気にもとめずに毎日その前を通っていたのだが、ある日、異変に気づいた。

その家の窓のまわりの柵に、無数の閉じた傘が柄を引っかけるようにかかっている。

色も形もまるで統一性がなく、新しいものから古いものまで、ただただ無造作にかけられている。

(この家、誰か住みだしたんだ)

そう思ったが、人の気配はまるでない。夜間に通りかかっても家の窓に明かりが灯ることもない。柵にひっかけられた大量の傘だけが人の存在を知らせている。

さらに数日が過ぎ、いつものように前を通ると。

「犬は獣、猫は魔物」

書き殴られた紙が玄関に貼られている。

「なんだ、これ」なんともいえない汗が背中を伝った。

その翌日。

柵の傘が一本、開いた状態になり、逆さまに引っかけられている。ブンブンと耳障りな音が聞こえているので目を凝らしてみたら、そのまわりを大量の蠅《はえ》が飛んでいる。悪臭が鼻腔《びこう》を突く。好奇心が勝り近づいてみると、開いて逆さまになっている黒い傘の中にぐちゃぐちゃに潰された肉塊《にくかい》が突っ込まれていた。猫の死体だった。

木島くんはあわててそこから逃げ出した。

夜、バイトからの帰り道、一軒家の前を通ると猫の死体が入っていた傘はなくなっていたが、玄関の貼り紙が変わっていた。

「魔物撲滅成功我軍勝利」

変わっているのはそれだけではなかった。

一軒家の二階を見ると、窓いっぱいに、広告の裏やカレンダーの裏と思《おぼ》しき紙が何重にも貼り巡らされている。朝に通ったときにはなかったものだ。その紙には赤い文字でなにやら文字が書き殴られているのが、外灯の光で読める。

(経か？　御札か？)

そう気がついたとたんゾッとして、木島くんは逃げるようにアパートに帰った。

木島くんのアパートから表の通りに出るには、どうしてもその一軒家の前を通らなくてはいけない。同じアパートの人たちは気がついているのだろうか。何とも嫌なところに住んでしまったものだ。だからといって引っ越しするほどの余裕はない。

その晩は陰鬱な気持ちになり、あまり寝つけなかった。

翌朝、仕方なくいつものように空き家の前を通ると、傘はすべてなくなっていた。傘だけではなく、玄関の貼り紙も二階の御札らしきものもきれいになくなっていた。

(いったいなんだったのか？　夢でも見ていたのか？)

唖然としていると、

「夢ではない、真《まこと》だ」

耳元で野太い声が聞こえた。

ハッと振り返るがそこには誰もいない。木島くんは大急ぎで駅に向かった。

帰り道、また空き家の前を通らなければいけないと思うと、朝にも増して嫌な気持ちになる。暗い道を一軒家から目を逸らして通り過ぎようとしたが、ギョッとして立ち止まった。黄色と黒の工事用のフェンスが一軒家を囲み、取り壊しの旨を告げる看板が立っていた。

「それらのことが、ほんの一週間のうちに起こっているんです。いったい誰がいつ、なんのために、傘を掛けたり猫の死体を置いたり片付けたりしたのか。背後で聞こえた声もいったいなんだったのか」

それから半年が過ぎた今でも、看板は立っているが取り壊し作業に入っていない。

そして木島くんは一軒家から数十メートルのアパート暮らしをしている。

永遠の怪我

沢田さんが中学生時代に住んでいた町に「ガンス」というあだ名の中年の男がいた。なぜそう呼ばれていたのか覚えていないが、とにかく皆「ガンス」と呼んでいた。ガンスはいつもヘラヘラと笑い、昼間から近所を徘徊していた。特に危害を加えるわけでもなく愛想も悪くないので、周りの人々から愛されていたというほどでもないが好かれてはいた。

ガンスは犬猫病院の駐車場でよくたむろをしていたが、獣医の黒田先生は追い払うこともせず、むしろたまによそから来た悪ガキがガンスをからかったりすると、キツく叱り飛ばしていた。

ガンスはいつも薄汚れた格好をしてたので、ホームレスなのか、どこか施設に住んでいるのかと沢田さんは思っていたが、ひとつ気になることがあった。ガンスの左手の人差し指と中指にいつも包帯が巻かれているのだ。先が少し血で滲んでいるのでいつも新しい怪我をしているようなのだが、とにかく同じ指である。

真っ白な包帯なのがひときわ目立って沢田さんには見えた。

ある夜、帰りに塾の先生と話をしたせいで出るのがいつもより遅くなった。

いつもの裏道を少し早足で抜けようとしたとき、神妙な顔をしたガンスといつもと変わらぬ笑顔の黒田先生が連れ立って歩いているところを目撃した。そこは黒田犬猫病院の駐車場だ。

ふたりは沢田さんに気づいていないようだ。何の気なしに塀の陰から覗き見していると、黒田先生はガンスを連れて動物病院の裏庭に入っていった。

（なにがあるんだろう）

好奇心に負けて、裏庭が見える場所に移動した。

そこには中型犬が二頭、鎖に繋がれて座っている。

ガンスが右手で左の二本の指に巻かれた包帯をハラハラと外し。そしてオズオズと二頭の前にその指を差し出した。

「よし！」

黒田先生のかけ声で、一頭がガンスの人差し指をクンクン嗅いでいたかと思うと、ガブリと噛みついた。

「ガンスは声を出すんじゃないぞ。ハウスかな、シットかな」

黒田先生は声を押し殺しながらも笑っている。ガンスの顔が、痛みのせいであろう、もの凄い形相になる。

「よし！」

再び短くかけ声をかけると、もう一頭がガンスの中指をクンクン嗅ぐといきなりガブリといった。ガンスが開いている右手で自分の口を覆った。

びっくりした沢田さんは声が漏れそうになったが必死に押さえ、その光景に見入った。二頭の犬に噛みつかれているガンスの左手からは、ヌラヌラと赤黒い血がしたたり落ちているのが見える。

「まて！」

黒田先生は再び犬に指示をすると、二頭の犬がガンスの指から口を離した。そして黒田先生はおもむろにズボンのベルトを緩め、ズボンとともに下着も下ろした。

「準備が出来た～。よし～」

かけ声とともに二頭の犬は、ガンスの左手の指をぴちゃぷちゃと舐め上げている。

黒田先生はその様子を見ながら、自らの股間に手を伸ばし自慰行為をはじめたのであった。ガンスは顔を苦痛に歪ませながらも声ひとつもらさない。

「よし、そこまで」

満足気な黒田先生は、ズボンを上げてベルトを締めた。

「今日もありがとうな。本当にありがとうな」

そう言って、ガンスの右手に一万円札を握らせると、傍らに置いてあった箱の中から消毒液を取り出しぐちゃぐちゃになっている左手の二本の指にかけた。そしてガーゼをあてると、綺麗に包帯を巻いた。

沢田さんはそっと後ずさりし、塀の陰をつたってその場から逃げ帰った。

帰宅しても、両親にこんな話をできるわけはない。誰かに話そうにも、黒田先生の近所での信頼度からいって、自分が変人扱いされるだけだ。

その日からはできるだけ犬猫病院の近くは通らないようにし、ガンスを見かけても目を逸らしていた。

そして沢田さんが高校生になった頃のこと。学校から帰ってきた沢田さんの前に、ふいにガンスが姿を現した。

「い、言わないで、言わないで。お、俺、あ、あれしか出来ない」

そう言うと、踵を返して去っていった。左手の包帯はやはり白く浮いて見えた。

その後、隣の県に家を建てた沢田さん一家は町を離れ、二十年経つけれど一度も行ってみたことがないという。黒田犬猫病院は今もあるだろうけれど、ガンスと黒田先生があれを繰り返しているかはわからない。

「ガンスには申し訳ないけど知りたくもない」

獣医になった沢田さんは、中型犬の頭を優しく撫でながら付け加えた。

死女神

麻里さんは現在、友達の貴子さんと都内でルームシェアをしている。

貴子さんは就職のために上京してきて三年目なのだが、すでに四回も住む家を変えている。

その理由というのが変なのよ、と麻里さんが話してくれた。


上京したて、初めてのひとり暮らしを始めたのは、二階建ての新築のワンルームのコーポだったそうだ。都心から少し離れてはいたが職場への交通の便が良く、環境も静かで住みやすい部屋だったという。

越してきて半年が経ち少々肌寒さを感じる秋頃、貴子さんは友達と外食をして二三時頃に帰宅した。風呂に入り寝支度をしていると、突然、右隣りの壁から音がしてきた。

ドーン、ドーン、ドーン、ドーン――

壁を規則的に何かで叩くような音がする。

(こんな時間になんだろう?)とは思ったが、しばらく様子を見ることにした。

ドーン、ドーン、ドーン、ドーン――

音は治まる気配がない。時間も時間だし、隣りに住むのは中年男性だと知っていたので苦情を言いに行くのも気が引ける。壁を叩き返すほどの勇気もない。

(明日も会社があるのに眠れないなぁ)

パジャマに上着を羽織り、どうしたものかと逡巡していると音が止んだ。暫く聞き耳を立てていたが、もう大丈夫そうだ。

貴子さんはベッドに戻り、眠りについた。

翌朝、会社に向かう前にエントランスにある集合ポストを覗くと一通の封筒が入っていた。宛名も差出人も書いていない。何だろうと開けてみると、

「あなたのおかげで決心がつきました、ありがとう」

右端に一行だけ、そう書かれた便箋が入っていた。

(なにこれ?)

まったく意味不明の手紙だったので、電車に乗る前に駅のゴミ箱に捨てた。

その日は就業後に用事がなかったので早めに帰宅すると、アパートの前にパトカーと救急車が停まっている。

車両を横目に自室のある二階に上がると、廊下で警官と救急隊員、そして大家さんがなにかを話している。

「なにかあったんですか？」

大家さんに問うと、

「参ったよ。あなたの隣りに住む小坂さん、首吊り自殺したんだよ。で、俺も今、色々聞かれているところなんだよ。落ち着いたらちゃんと説明に行くから、お隣りのことだから気持ち悪いかもしれないけど、おたくには迷惑かからないようにするからね」

頭を掻きながら嘆いている。横にいた警官が貴子さんに訊ねてきた。

「お隣さんですか。昨日の夜、なにか変わったことはありませんでしたか？」

そう警官に訊かれて貴子さんははっと気づいた。あの壁を叩く音、もしかしたら首を吊った時に苦しくて当たっていたのじゃないの？

ということは、私は隣りの人が死ぬ間際の音を聞いていたってこと？

途端、震えが止まらなくなった。「特にないです」とあわてて首を横に振ると「失礼します」と玄関を開けて自室に入った。

すぐ横の壁の向うで人が亡くなっている。そう思ったら、やっぱり気持ち悪いし、怖くて部屋にいられない。大家さんたちの足音が去るのを確認して、部屋を飛び出し近くのファミレスで時間を潰した。

戻っても眠れるわけがないと思い、結局その日はファミレスで夜を明かした。

翌日、実家に電話をして事情を話して引っ越しをしたいと懇願した。費用を半分出してくれるという約束を取りつけたので、その日の会社からの帰り道に不動産屋によってすぐに入れる部屋を探して決めた。その夜は漫画喫茶で泊ることにし、大家さんには急な引っ越しを決めたことを連絡したら、あんなことがあったんだからしょうがないよね、と敷金にプラスして今月の家賃も全額戻してもらえることになった。

急に決めた次の部屋は、ぐんと都心に近い場所にある八階建てのワンルームマンションだった。
少々家賃は高めだったが、利便性はこちらの方が良くなった。
バタバタの引っ越しだったが、すっかり落ち着いて八か月ほど経ったある朝、出掛ける支度をしていると、
ドサッ
なにか大きなものが落ちる音が外から聞こえた。三階の自室から窓を開けベランダから下を見ると、エントランスの前の石畳に俯《うつぶ》せになって女性が倒れている。手足が不自然に曲がり、辺りが血で染まっている。このマンションから転落したようだ。
うわあ、どうしたらいいのだろう、と思っていたら、救急車とパトカーのサイレン音が聞こえてきた。きっとマンションの誰かが通報したのだ。
会社に行かなくてはならないが、マンションを出てあの倒れている人の横を通らなくてはならない。困ったなと思いながら様子を見ていたが、警官が青いビニールシートで女性の身体を覆うのを確認すると貴子さんは家を出た。エントランスからその横をすり抜けようとしたら、誰かが「三階の○○さんよ」と言っているのが聞こえた。

（えっ？　隣りの人？）

そういえば壁越しに、「死んでやる」と泣きながら叫んでいるのが聞こえたことがあったが、まさか……。背筋が凍る思いだったが、足早にその場を去った。

その日、帰宅してポストから郵便物を出すと、銀行のキャッシュディスペンサーの横に置いてある封筒が紛れていた。なにかしら？　と中を見ると、

「もう決めました」

弱々しい字体で書かれたメモ用紙のようなものが入っていた。

（なにこれ？）

理解に苦しむものだったので、他のチラシと共にポスト横のゴミ箱に捨てた。

部屋に入り、風呂の準備をしながらも、なんとなく落ち着かなかった。

翌朝、掃除をしていた管理人が、隣りの住人の女性は屋上から飛び降りたのだと教えてくれた。

「鍵がたまたま開いてたんだよね。不動産屋から怒られちゃったよ」

と管理人は頭をかいた。

管理人のぼやきを聞きながら、隣りの人が亡くなってしまった、同じようなことが続いて起きるなんてと、貴子さんは気味悪く思っていた。

いろいろと思うことはあるが、またすぐに引っ越しをすることはさすがに出来そうにない。親もお金を出してくれないだろう。

結局、引っ越し資金を貯めるために夜のバイトをすることにした。昼夜兼業するのは大変ではあったが、落ち着かない部屋に帰るほうが苦痛だ。

頑張って三か月後には引っ越し資金が貯まったので、次の家を見つけて移った。

今度は、築年数はそこそこ経っていたが、ファミリー世帯用の部屋も単身者用の部屋もある比較的大規模なマンションだった。

平穏な日々が二か月ほど続き、初夏を迎えた頃の朝、ふと、異臭が鼻をつくのに気がついた。換気扇を回しても窓を開けても効果がない。

ベランダに出ると、なにかが腐ったような臭いはさらにきつくなる。ベランダから周囲を見廻してもここは二階だし、なにがあるわけでもない。

ふと、隣りのベランダの境目に設置される石膏ボードの端で、なにかがヒラヒラと揺れている。紙のようなものだ。首を捻りながら手に取ってみた。隙間に挟んであったので引っ張り抜く。

縦に四つ折りになっていたメモ用紙を開くと、黒のペンで書かれた几帳面な文字が並んでいた。

「迷惑は承知していますが、耐えられません」

（もしかして）

ピンときた貴子さんは管理人室にすぐ知らせに行った。

なにごとかとやってきた管理人が隣りの扉を叩いて呼ぶが返事はない。ドアの新聞受けを開けて中を見ようとした彼は臭いの元を悟ったようで、「こりゃ駄目だ、警察呼ばなきゃ」と管理人室へと走って戻っていった。

その後は警察が来て騒々しいことになったが、あとで聞いたところでは隣人は自殺をし、死後五日ほど経っていたそうだ。

ここで貴子さんは初めて気がついた。今まで、隣人が自殺したあとに見つかる意味不明な手紙、それはすべて、自殺者が私に宛てたものなのだと。

(なんで私に？　なにか意味があるの？)

どう考えてもわからない。どの人も元々から面識はないし、会った時に挨拶をする程度のものだった。私を巻き添えにしてと改めて怒りが込み上げてきた。

「でもさすがに一年半ほどの間に三回も引っ越しをして、四回目は厳しいってことで、夜の店のバイトで一緒だった私に相談して来たの。それで、じゃあウチのマンションをシェアする?ってことになったわけ」

麻里さんがそう言った。

貴子さんにしたら早くその部屋を出たかったたし、麻里さんにしても家賃が助かるからとさっそく実行に移し、現在は仲良く暮らして一年ほどになるという。

「同じ家の中としても、それぞれの部屋は隣り同士になるんでしょ？　なにかないの？」

とちょっと意地悪で聞いてみたが、

「それがなにもないのよ。死神の貴子より私のほうが強いってことかもね」

ふと真顔でなった麻里さんに愛想笑いを返すのが精一杯の私だった。

テレクラ四奇譚

前作『怪談手帖〜怨言』で私の中学校時代の同級生、片岡の「テレクラ奇譚」なるものを書かせて頂いた。

「さらなるテレクラ話はないのか?」

片岡に問いただしたところ、

「あんなのはまだ序章だよ」

と、この上なく下品な笑顔を浮かべながら、興味深い四つの話を語ってくれた。

四五点

「夏はコールが多い」当時の片岡の格言である。

テレクラに電話をしてくる女の子の数が増えるのである。それをわかっている客である男たちは、それぞれのブースで回線がつながる電話を目の前に、臨戦態勢をとる。女の子からかかってくる電話を寸秒の差でキャッチして自分が出るためにだ。

その日、片岡も受話器に手を掛けたまま、回線がつながる瞬間を待っていた。

ピッと電話機の回線ボタンのランプが点滅するかしないかを見極め、受話器を上げる。

「もしもし」片岡は勢いそのまま、前のめりに声を出した。

『随分、威勢がいいね』

受話器の向こうで、吐息まじりの甘い声で女は話しかけてきた。

「なにしてるの、どこ?」

片岡はその声を察し聞いてみた。

『なにしてるかは想像してみて、きっと想像通りだよ』

女の声が絡みついてくる。

「じゃあなにしてるか、言ってみなよ」

片岡の言葉に、

『そういうこと言わないで、恥ずかしい。会いたくなっちゃうから』

全然困っていない感じで女が囁く。これはいける！　片岡は更に前のめりになる。

「じゃあ、会おうよ。俺も会う気で来たし」

『いきなりなんだね、強引すぎるよ。でも、強引大好き』

女が乗ってきた。

「よし、じゃあ、決定ね。どこに迎えに行けばいい？　どんな感じか特徴も教えて」

片岡は有無を言わせず畳み掛ける。

『G区のS公園の入口あたりがいい。えっと、特徴はうーん、グラビアアイドルのHに似てるって言われる』

「了解、じゃあ今から店出るから、十五分後ね」

すぐに会計を済ませた片岡は、近くの駐車場から車を出すとG区のS公園に向かった。

(「誰々に似ている」は話半分以下に捉えていると傷つかないですむ)

そう念頭に置き、ハンドルを握り車を走らせた。

到着すると、夏なのに長袖のワンピースを着て、帽子を被りサングラスをした女が公園の入口に立っている。

「さっき、電話の——」

車で近づいた片岡が運転席から話しかけると、女は大きく笑みを返した。

「うん、待ってたよ！　とりあえず——車に乗ってもいいかな」

片岡は車を降りると、助手席側に廻るとドアを開けて促した。

「あ、そういう感じなんだ」

ちょっと残念そうに俯いて助手席に乗り込んだ女を見て、片岡は首を傾げながら運転席に戻った。

「暑くない？」

「いいよ、気にしないで」

片岡の気遣いが空回りをしている。

(これはもしかしたら、M《マゾ》だな)

百戦錬磨の片岡は作戦を変更して、強めの口調で言ってみた。

「いつまで帽子被ってんだよ！　あとサングラスも取れよ」

「はい」

か弱い声で女は答えると、帽子とサングラスを取った。

（えっ、本人か？）と見紛うほど、グラビアアイドルのHそのままの女が目の前にいた。

「似てるなぁ確かに。でも、テレクラなんかにHが電話をかけるわけねえよな」

威張り気味に言葉を投げると、

「はい」

女は目を潤《うる》ませながら、片岡を見つめてくる。

「はいしか言えないの？　ていうか、おまえ従順だなぁ」

片岡は完全に上位に立った片岡は、「はい」と答えて俯く女に言い放った。

「じゃあ。ホテル行くぞ」

「はい」

女は答えると帽子とサングラスを身につけた。

（こいつ、本当に本物のHかも）

片岡はHのファンというほどでもなかったが、内心舞い上がった。

街道沿いのホテルに車を入れ部屋に入ると、女は帽子とサングラスを外していきなり抱きついてきた。

「いきなり、なんだよ。ちょっと待てよ」

片岡が制すると、

「ごめんなさい、許してください」

一歩下がって土下座をしている。

「土下座って。お前、本当にMだなぁ」

「ありがとうございます」

片岡がそう言うと女は顔を上げた。そして自らワンピースを脱ぎ出す。

なんと、ワンピースに下に下着を着けていなかったのだ。

(こんな格好で公園の前にいたのか？　頭おかしいぞ、こいつ)

呆れていると、女はもぞもぞと自分のバッグに手を突っ込み何かを探している。

「これで苛めてください、お願いします」

女が取り出したのは、マチ針だった。

「えっ、そこまでの趣味はないんだけど」

たじろぐ片岡に、

「お願いします、お願いします」

女は再び土下座で懇願してくる。

（まじかよ）片岡は仕方なく腕に針を刺した。

「痛ッ」

そう言いながらも、女は顔を紅潮させている。

片岡もなんだか楽しくなり、次は乳房に刺してみた。

「ありがとうございます。そこをもっとお願いします」

何度も刺されて白い乳房には血が滲んでくる。しかし女は涎を垂らして悦に入っている。さすがの片岡も興奮はしない。

「叩いてください、お願いします」

次は尻を突き出してきた。片岡が手のひらで軽く叩くと、

「もっと強くもっと強く！」

そう言って尻をさらに突き出してくる。

（俺が言うこと聞いてるじゃん。これどっちがMなの）

冷静に分析しながら尻を叩き続ける。やがて、女の尻には片岡の手の形をした青痣《あおあざ》が浮かび上がってきた。

「俺、普通のことしたいんだけど」

叩きすぎて腫れ上がった右手を摩りながら、とうとう片岡が言った。

「えっ？　わかった」

涎を垂らしながら悦んでいた女の表情はすっと冷めたものになり、ベッドに仰向けで寝転がった。

片岡がことを致している最中、女はうんともすんとも言わない。やがて片岡が果てて一服しようとすると、女はそそくさと服を着て帰ろうとしている。

（なんだそれ）

釈然としなかったが、仕方なく片岡もシャツを着て帰り支度をして部屋を出た。

帰りの車中は話しかけてもなにも応えない。やがて待ち合わせをした公園に到着した。

「四五点」

女は助手席から降りる寸前そう言うと、ふり返りもせず公園の中に消えて行った。

（なにが四五点？）

片岡はもやもやしながら家路についた。

数週間後。片岡がなにげなく深夜のお色気番組を見ていると、グラビアアイドルのHがビキニを着て騎馬戦をしていた。

（本当にそっくりだったな～）

と、Hの腕にある絆創膏が目に入った。そして、尻のアップになるとファンデーションでは隠しきれない青痣が――。

（マジかよ）

片岡は妙に感慨深い気持ちに陥ったという。

ちなみにグラビアアイドルのHはいつの間にか芸能界から姿を消した。バブル期が産んだ徒花だったのだろうか？　私は共演してみたかった。

タイプなの

その日、片岡は珍しく、電車で巨大ターミナル駅の近くにあるテレクラに出向いた。

「まあ、車がなくても繁華街の近くにすぐラブホあるし、余裕と思って」

この発想にのちのち後悔したとは、片岡の弁。


一八時に個室に入ると、いきなりのコールがあった。

『今、近くのゲーセンなんだけどぉ』

幼さは残るが横柄な感じの声が聞こえてきた。

「あ、W交差点のところのゲーセンね」

『そうだよ、今から遊ぼうよ。えっとリュックを背負ってるからすぐわかるよぉ、ひとりだし』

「こっちは黒いTシャツにジーパンね。取りあえず行くわ」

警戒心の欠片《かけら》もない女の言葉に戸惑《とまど》いもあったが、一応、今日のメニューは五時間出入り自由コースなので（すっぽかされたらまた戻ってくればいい）それくらいの気持ちで店を出た。

徒歩三分の距離にあるゲーセンに到着すると、確かにリュックを背負い大きな紙袋を持った女がひとり、ボケーっと立っていた。

女というより一五か一六歳の少女か。しかし、見た目はもの凄くタイプでかわいい。

「おまたせ」

片岡が声をかけると、女はニタ～っとゆっくり笑顔を作った。

「待ってたよ、もう」

「ねえ、若いよね。年いくつ？」

一応、建前だが年齢を聞くと、

「いくつだっていいじゃん」

女は笑顔を崩さないまま、いきなり片岡の首に手を回してキスをしようと顔を近づけて来た。

「ウッ」

クサい。口臭の類いの臭さではない。頭痛を誘発しそうなにおいだ。

キスの最中、視線を外して女が持っている大きな紙袋を見た。するとそこには大量の小瓶が入っている。

（これか）すぐに片岡は感づいた。そう、この瓶の中身は間違いなくトルエンだ。

「これ、そうだよね？」

首に手を回したままの女の唇が離れた瞬間、片岡は言った。

「いいじゃん別にぃ、遊ぼうよぉ、ホテル行こうよぉ」

さらにトロットロの声が返ってきた。

「わかったからちょっと離して。ションベンしてくる」

片岡はトイレに行くフリをして、猛ダッシュでテレクラに戻った。

個室に戻り気を落ち着かせていると、電話のランプが点滅した。

「もしもし」

気を取り直した片岡が受話器を取って話しかけると――。

「あ、お兄さんだ。なんで帰っちゃうのぉ」

トロいその口調で察し、すぐに受話器を置いた。間髪入れずに電話の点滅ランプがまた光ったがあの女の気がするので、受話器をとらずにスルーした。

しばらく電話は来なくなった。時間つぶしに漫画を読んでいると、電話のランプが点滅したので、片岡は受話器を取った。

「もしもし、お兄さんでしょぉ？　会おうよぉ」

（今日はダメな日だ。せっかくの五時間コースだけど帰ろう）

片岡は泣く泣く帰ることにした。店を出ようとすると、店の前をあの女がうろうろしている。

（やばい）

店員に事情を話し、裏口から出してもらった。

足早に駅に向かっていると、

「見〜つけた」

背後から、あの声が聞こえてきた。

片岡は振り向かずに全速力でホームに駆け込み、電車に飛び乗った。息を切らしながら、車内を見回すが、どうやらあの女は乗っていないようだ。

いったいなんだよと思いながら自宅のある駅に到着し、改札を出たところで肩を叩かれた。

「なんで逃げるの？」

引きつった顔で振り返ると、そこには紙袋を持ったあの女が立っている。

「タイプなのぉ、一緒にいてよぉ」

身体を退いて逃げ出しかけた片岡の背中にすがりつきながら、女が甘えた声を出す。

「やめてくれ！　いえ、やめてください、おねがいします」

あまりの恐怖に鼻水と涙を滲ませながら片岡は、女を強引に振り切り自宅へと全速力で走った。もちろん、道を微妙に変えながら若干の遠回りをすることを忘れなかった。

翌朝、夢見が悪く偏頭痛を伴った憂鬱《ゆううつ》な朝を迎え、リビングに飲み物を取りに行くと、

「なにがあったのかしらね、まだ若いのに」

母親がテレビのワイドショーを見ながら片岡に話しかけてくる。

一六歳の家出少女が、テレクラのあるあの駅周辺の路上で変死をしていたというニュースが流れていた。薬物中毒の疑いがあるという。

まさか、あの女か?

少女が見つかった現場を映した画面には、あの紙袋が映し出されていた。

もしも欲望に負けて、共に夜を過ごしていたらと思うとぞっとすると片岡は言う。

「薬物中毒じゃなくて自殺じゃないかなと思うんだよ。おれも道連れにされてた気がするよ。にしても、どうして自宅のある駅前まで、あの女が来れたのかが疑問だけどな」

今でも、あのけだるい舌っ足らずな声が耳にこびりついているそうだが、それでも片岡はテレクラ通いをやめなかった。

傷だらけのローラ

『もしもしー、お兄さんはいくつくらい？』

深夜二時とは思えない明るい声が受話器から聞こえてきた。

「二一歳、大学生だよ」

片岡は正直に答えた。

『二一歳かぁ。若いね、私は二〇歳、同じくらいだね。仕事が終わってファミレスにいたんだけど友達が帰っちゃって、暇してたんだ』

「えっ、仕事は何時までだったの？　結構、遅くない」

『風俗だよ、笑えるでしょ？』

「いや、別にそんなことないよ」

『だから、テクはあるよ、なんちゃって』

「マジで、会いたいんだけど」

いいリズムの会話に片岡は調子があがってきていた。

『えっ、やめた方がいいよ。私ブスだもん』

女は急に暗い声で返してきた。

「ブスってことはないでしょう。声も可愛いし、風俗で働いてるんだから」

片岡は明るく返した。

『良かったら、会う？　でも本当にブスだからね』

「またまた、わかったよ。じゃあ、今から行くよ。どこらへん？」

『X駅の向かいの広場にある電話ボックス』

「ここからまあまあ遠いね、待てる？」

『うん、暇だし。待ってるね』

その場所はテレクラから車で四〇分くらいだろうか。片岡はなるべく早く着くように車を飛ばしてX駅を目指した。

片岡がX駅向かいの広場に到着すると、確かに電話ボックスに女がいた。ハザードランプを点すと、電話ボックスから出てこちらに向かって来た。

運転席からは暗がりでよく見えないが、中肉中背であることはシルエットでわかる。つまり、体型的には、いわゆる「地雷」ではない。

「こんばんは」

助手席のドアが開けられた。

薄汚れたピンクのパーカーに白いジーンズ、そして顔はというと——本人の申告通りだった。

「ねっ、ブスでしょ？」

助手席に座ると、女は覇気のない笑顔をこちらに向けた。

「いや、そんなことないよ。じゃあ、ドライブでもしてホテル行こっか」

そんなことおおありだったが、なんとか良いところを探そうと思い、取りあえず車を走らせた。

車中、片岡が努めて明るく振舞い、気を使って話かけても、女は俯いたままで、たまに反応しても「えっ」とか「はー」くらいしか言わない。

それだけでも片岡にしたら「なんなんだこいつは」なのに、さっきから体中をぼりぼり掻きむしりはじめていた。

（やべえ、これはやっぱり「地雷」だ。どこかで降ろそう）

ちらっと横目で見ると、女はパーカーの裾を捲るとさらに激しく腕を掻きだした。赤く掻き跡ができてくる左腕には、無数のリストカットの跡も見える。

思わず凝視してしまった。片岡のその視線に、いまさらながら気づいたように、

「ヒクよね、ごめん。降ろしていいから」

車に乗って初めて発した、まとまった言葉がこれだった。

「うん、ごめん、ごめん、近くまで送るよ」

片岡が一応、気を使って返すと、女は言った。

「大丈夫、次の信号で降ろして」

X駅からだいぶ離れているが、内心ほっとした。ちょうど赤信号だったので、信号の手前で止めた。

「じゃあ」

そう言うと女は車を降りたが、その場で動こうとしない。運転席の片岡を見ながら、なにやら鞄に手を入れてもそもそしている。

（なんだよ、早く信号青になれよ）

若干の気持ち悪さもあって、イライラしながら女から眼を離せずにいた。次の瞬間、片岡は声を上げた。

「なにすんだよ！」

女は、鞄から取り出したカッターで自らの腕の内側を何度か切っていた。

そして、またたくまに滴《したた》り落ちる血を右掌で受けとめると、それを助手席の窓にべったりと塗りたくったのだ。

運転席の窓を開けると、片岡は完全に切れて怒鳴《どな》った。

すると女は、上目遣いの笑顔を作る。

「途中で私を降ろした人にする決まり事なの。気をつけて帰ってね」

そう言うと、クルっと背を向け小走りで去って行った。

片岡にその女を追う勇気はなかったそうだ。

おまえが悪い

『今、お店のすぐ前の公衆電話からかけてるの。すぐに会えるかな』

受話器を取るとそんな言葉が聞こえてきた。さすがに面を食らって、

「え、いきなりだね。本当にいるの？　冷やかしだったら切るよ」

これまで何度も苦汁を飲んできた片岡は、少し強気に返してみた。

『うん、本当にいるよ。年は二七歳、今は無職だけど少し前まで美容院で働いてた。名前は――キョウコにしとこうかな』

女はスラスラと自己紹介をしてきた。その声に変わった様子はない。

片岡は店を出て行ってみる。すると、そこにはニット帽を被った小柄な女が立っていた。見た目も普通、というか結構かわいらしい。

「どうも」

片岡が軽く頭を下げると、

「来てくれて、ありがとう」

と言って抱きついてきた。

（これは話が早い、イケる）

にやけながら、自分の車が停めてある駐車場まで二人で向かった。

「あたし、出会いが少なくてさ、わりと電話しちゃうんだよね。で、アポとっても、なんかいい人いなくて。あなたみたいなタイプの人初めてだから嬉しい」

そう言うと片岡の腕に絡みついてきた。

（悪くない。全然悪くない）

にやにやがマックスに達する頃、駐車場に到着した。いつものことだが、車の助手席のドアを女のために開けてあげた。

「あなた紳士だね。ますます好きになっちゃう」

女は片岡の頬にキスをすると、そのまま助手席に乗り込んだ。

「で、どうしようか」

エンジンをかけながら片岡が聞くと、

「え、決まってるじゃん。すぐに行こうよ」

あまりに出来すぎた話だとは思ったが、女の提案をぞんざいにする必要はない。

片岡はホテルに車を走らせた。

部屋に入ると同時に、いきなりコトを始めようとする片岡に、

「お願い暗くして、暗くしてくれないと恥ずかしい」

女が照れながら言う。

「わかった、わかった。暗くするよ」

そう言って部屋の灯りを消すと、

「真っ暗がいい、入口の電気も消して」

（真っ暗じゃつまらねえな）

片岡は少し不服ではあったが、背に腹は代えられないと判断し、部屋の灯りをすべて消した。窓も潰されているホテルの部屋は、本当の真っ暗闇である。

手探りで女を探すと、「ここにいるよ」という声とともに抱きついてきた。女はす

でになにも着ていない。片岡もすぐに服を脱ぐと女にのしかかった。

コトが済み、尿意を催した片岡はベッドから降りると無意識にトイレの灯りをつけた。

「なんで、つけんだよ」

背後から野太い声が聞こえてきた。

突然の声に振り返ると、

「せっかく、今日は気持ちよく帰れると思ったのに、おまえ、何してくれんだよ」

そこには禿げ上がった頭を乱雑に掻く女の姿があった。その頭の皮膚はケロイドのように爛れて固くなっているように見える。

「おまえが悪いんだからな」

女は片岡にタックルしてくると、小柄な体なのにどうしてこんなにというほど強い力でベッドへと引き摺り倒した。完全に油断していた片岡は、女に腕と身体の自由を拘束された。

「やめろ、てめえ、なにすんだ」必死に抵抗したが、もの凄い腕力である。

「おまえに私の気持ちがわかるか？　女でこの年で禿頭だぞ。どれだけ嫌な思いをしたと思ってんだよ。あいつらが許せない、あの美容院に勤めなければ」

どこから取り出したのか握ったハサミを片岡の眼の前に見せると、

「動くと怪我をするよ」

片岡の抵抗する力が抜けた。というか恐怖で硬直した。

「な、なにするんですか」

「だまってりゃいいんだよ」

そう言いながら、女はザクザクと片岡の髪の毛を雑に切りはじめた。

「ゆ、許してください」

あまりの恐怖に片岡が、涙ながらに懇願すると、

「わかりゃ、いいんだよ。くそ野郎」

そう言うと女は、片岡の二の腕にハサミをひと突きすると立ち上がった。

片岡は呻くとともに失禁して、のたうち回った。

その様子を女はニヤニヤしながら見つめていたが、さっさと服を身につけると部屋を出て行った。

事情が事情だけに片岡は警察にも電話出来ず、腕を押さえながら車に乗り込みホテルを後にした。

「おまえ、そんなことがあってもテレクラやめなかったの？」

私が青ざめながらも呆れて聞くと、

「いや、文字通り痛い思いもしたけど、気持ちいいこともしたからね」

腕の傷を見せてにやにや笑っていた。

今では大企業のそこそこのポストにいるらしい。部下の人たちにとって、こいつはいい上司なのかそうでないのかは会社勤めをしていない私にはわからない。

しかし、私は遠慮したいと思った。

夢の中で

「予知夢って言うんですか？　そんなのがうちの娘にあったんですよ。一回だけなので、あったというほどのものではないですが」

吉川さんの娘さんがまだ幼稚園に通っていた頃の話である。

その朝もいつものように、吉川さん夫妻と一人娘の亜紀ちゃんはテーブルを囲み朝食を摂っていた。

「昨日ね、英二おじちゃんが風船を配ってたの。ちっちゃい子に囲まれて、いっぱいいっぱい風船を配ってたの」

イチゴジャムのついたパンをむしゃむしゃ食べながら、亜紀ちゃんが話し出した。

「亜紀、それは夢？」

吉川さんが問うと、

「うん、昨日の夢。それでね、風船を貰おうとしてる子たちをぶったの、みんな血が出てたの」

いくら夢とはいえ、あまりいい話ではない。

「亜紀、嫌な夢だね。英二おじちゃん、優しいからぶったりしないでしょ？」

奥さんが諭すように言うと、

「うん、でも知らない子をいっぱいいっぱいぶってた、バーンバーンって」

亜紀ちゃんは続けた。

「もうよしなさい、亜紀。歯を磨いて幼稚園行くよ」

奥さんは亜紀ちゃんの手を引き、洗面所に連れて行った。

（まあ、夢の話だから）

さして気にも留めず、吉川さんも仕事に向かった。

英二さんとは吉川さんの三歳年下の弟で、大手百貨店の渉外担当をしていた。姪の亜紀ちゃんを我が子のように可愛がってくれる、大変気持ちの優しい好青年だった。

その後、亜紀ちゃんの夢の話など忘れていたある日のこと。

吉川さんが仕事から帰宅をすると、奥さんが血相を変えて飛び出してきた。

「あなた、大変！　英二さんが」

「どうした？」

倒れんばかりに動揺している奥さんを落ち着かせながら問うと、

「英二さんがデパートで暴れて、子供を次々と殴ったみたいなの」


その日、英二さんが勤務する百貨店の感謝セールがあったという。渉外担当の英二さんも、デパートの入口で来客者が連れている子供たちに風船を配っていた。

しかし突然、英二さんは自分の手許にある風船を次々と割り出すと、風船を渡した子供たちを追いかけ次々と平手打ちをして回ったそうだ。

警備員と従業員に取り押さえられ、通報を受けた警察官に連行された。現在は留置場にいるとのことだった。

「英二には会えるのか？」

奥さんに聞くと、

「今日は会えないみたい」

涙声でそう返してきた。

吉川さんの両親はすでに他界していて、肉親は兄弟だけである。なんとか弟のところに行って事情を聞いて、連れ戻さなければいけない。

眠れぬ夜を過ごした翌朝、警察から釈放との連絡が入ったので、吉川さんは署に駆けつけた。

「英二、なにやってるんだ、おまえ！」

思いっきり頭を叩くと、英二さんはその場で泣き崩れた。

「兄貴、ごめん。俺、何がなんだかわからなくて。気がついたら取り押さえられて、ここにいたんだ」

激しく嗚咽しながら吉川さんに縋ってくる。

「英二が動揺して危なっかしいから、今日は傍にいることにする」

奥さんに連絡を入れ、吉川さんは英二さんとともに彼に住んでいる部屋に向かった。

英二さんの部屋に帰宅後も、何度も問いつめ事件の経緯を聞いたのだが、英二さんの記憶は完全に飛んでいるという。

「そんなの通用しないぞ、被害者だっているんだから。とにかく、明日、会社に行くぞ」

翌日、吉川さんは英二さんを連れて百貨店に趣いた。

当然周りの社員は避けるように遠目から二人に白い目を向けている。

「この度は誠に申し訳ありませんでした」

英二さんの直属の上司に、二人は深く頭を下げ詫びを入れた。

「起こしてしまったことは許されることではないですし、英二さんは解雇になると思います。でもね、お兄さん。英二さんはお客様の評判も良く同僚にも思いやりのある大変立派な青年なんですよ。その彼がどうしてあんなことをしたのか、私にはどうしてもわからないんです」

上司のこの言葉に吉川さんも涙が止まらなかった。

「私は信じたくありません、でも起きてしまったことは事実です。どうか、あの『魔』がさした時のことを反省して、新たな人生を頑張って生きていってください」

そう言うと、頭を上げたままの二人の肩をやさしく叩いた。

「あの方のためにも、ちゃんとやり直すんだぞ」

帰りの道すがら、英二さんの背中を強く叩きながら言うと、英二さんは無言で頷き自宅に戻った。


「心配をかけてすまなかった」

吉川さんは帰宅するなり奥さんに深く頭を下げた。

「大丈夫だったの？　本当に私、信じられない。英二さんがあんなことをするなんて」

そう言う奥さんの後ろから、妙な声がした。

「ね、言ったでしょ。あたしの言う通りになった」

二人が顔を向けると、そこにはぬいぐるみを引き摺《ず》った亜紀ちゃんが佇んでいる。

薄笑いでこちらを見上げている。

「亜紀？」

吉川さんが声をかけたと同時に、亜紀ちゃんは白目を剥《む》き泡を吹いて昏倒した。

夫妻は悲鳴を上げ、亜紀ちゃんの身体を揺すると、

「パパママ、痛い」

目をぱっちり開けいつもの亜紀ちゃんの表情に戻り、きょとんとしている。

その後、弟さんは新たな仕事を見つけ、勤勉に従事している。

亜紀ちゃんも現在は高校生になり、部活に精を出して充実した日々を送っている。

「あれだけの事が起こったのに、この話、妻も娘もまったく覚えてないって言うんですよね」

これってなんなんですかね？　吉川さんは顎を摩りながら不安げな表情で話を終えた。

視えるから

その夜もいつものように行きつけのバーのカウンターで、越野さんは前山さんと静かにバーボンのロックを楽しんでいた。二人はこの店で知り合った飲み仲間である。

そこに少々ガラの悪そうな酔っぱらいの二人組が入ってきた。

「焼酎の焼酎割り、濃いめで〜」

「焼酎だけやん、ガハハハハ〜」

面白くもないノリ突っ込みを二人で成立させ、しっとりとした店の雰囲気を一気に下卑《げび》たものに変えた。

マスターは越野さんと前山さんに視線を送り、申し訳なさそうに頭を下げたが、二人は「気にしないでいいよ」とばかりにニタっと微笑《ほほえ》み返した。

何の話の流れだったのか、越野さんと前山さんが「最近あった怖い話」みたいなことを話していると、二つ離れた席に座っていた酔っぱらいのひとりが大声で絡んできた。

「俺も入れてや、そういうの好きやねん」

「少し声のトーンを下げてもらえませんか？」

越野さんが丁寧に返すと、

「そんなにうるさくないやろ？　ていうか、幽霊なんてそんなもんあるわけないやろ」

酔っぱらいは注意されたことが癪《しゃく》にさわったか、立ち上がって寄ってきた。

さすがにマスターもその様子に、

「お客さん、お静かにお願いしますよ」

と、なだめるように着席を促す。

「わかったわ、静かに聞いたらええねんやろ」

思いの外従順にマスターの言葉を受け入れた酔っぱらいは、おとなしく座り直すと、
越野さんと前山さんの話を聞く体勢になった。

「そういえば前山さん、人の守護霊とかオーラが視えるんでしたよね？」

越野さんが何気なく言うと、

「え、ほんまか？　そしたら、俺のを見てや？」

また大声に戻った酔っぱらいが、臭い息を吐きかけながら前山さんの眼前まで迫ってきた。

「ええ、視えますよ。でも、視える場所と時間というものがありまして。さらに視る相手を選びます。場合によってはこちらも淀みますから」

この言葉にスイッチが入ったか酔っぱらいは前山さんに掴み掛かり、頭突きをすると腹に一発拳を入れた。

一瞬の出来事だったので、越野さんとマスターが呆気に取れていると、

「気が済みましたか？　私と飲んでいても不愉快でしょうから、お帰りになってはいかがでしょうか？」

襲われたにもかかわらず、いたって冷静に前山さんが言い放った。

「言われんでもわかってるわ、今度会《お》うたらこんなんで済まへんで」

酔っぱらいは二人とも捨て台詞を吐くと、カウンターに札を投げ捨てて店の扉を乱暴に開けて出て行った。

「前山さん大丈夫ですか？　本当に申し訳ありません。越野さんもすみません、本日はお代は結構ですので」

マスターが深々と頭を下げると、

「いやぁ、いいですよ。ああいう輩《やから》もいますし、飲食業は大変ですよね？」

落ち着いた口調で、前山さんはさらに言葉を続けた。

「でも、あの絡んできた人、永《なが》くないですね。そろそろお亡くなりになると思いますよ。あと、もう一人の人も。そうですね、もって半年かな」

「なんでそんなこと？」

背中に冷たいものを感じながら越野さんは聞いてみた。

「私も人間ですから、絡まれたら本来なら怒りますよ。でも、これから死に逝《ゆ》く人に対する哀れみかな？　そんな気持ちが強く心を支配したので、なされるがままになったんですよ」

前川さんが淡々と答える。

「えっ？」

話の論点がズレたことに違和感を感じたマスターが、つい声を漏らすと、

「何もないんです。いや誰もいないんですよ、あの二人の後ろには。色もまったく視えないんです」

ちょっとおどけたように前川さんが笑った。

（なにかこれ以上聞いてはいけないのでは――）

越野さんとマスターはお互いにそう察したのか、その後話題を変えた。

それから三週間後のとある夜、越野さんの携帯にマスターから連絡があった。

「前山さんが言ってたこと当たったよ。以前に絡んできた酔っぱらい、常連の田無さんが何回か連れてきたヤツだったんだけど、先週交通事故で死んだんだって。もう一人のヤツは肝臓《かんぞう》がんが見つかってもう永くないみたい。これって、前山さんに言った方がいいのかな？」

マスターの声が微妙に震えている。

「いや、わざわざ言わなくてもいいんじゃない？　今度、店でそういう話題になった

ら話せばいいでしょ」

「そうだよね、わかった」

仕事中のマスターは「用件だけとり急ぎね」と電話を切ったが、なにかしっくりこない越野さんは、そのあと閉店間際の店に顔を出すことにした。

店の中にはもう客はいない。片付けを始めていたマスターに「一杯だけね」と言いながら越野さんはカウンターに座った。マスターも心得たものなので、グラスを目の前に置く。薄く流れていた有線のジャズがふと止まった。

「そのとおりになったでしょ？」

前山さんの声が背後から聞こえてきた。

二人はバーの入口に視線をやったが、そこにも誰もいなかった。


あの、酔っぱらいに絡まれた夜以来、前山さんは店にきていない。

越野さんとマスターが電話をかけても、呼び出し音が聞こえるだけで留守電にもならないという。

強い想い

「これ、マジでぼくの話なんですけどね」

照れ笑いを浮かべながら八木さんが言うと、連れの富田さんが「なんの話？」と割って入った。

ボソボソと八木さんが富田さんの耳元で呟くと、

「ああ、あれね。面白いから徳光さんに話した方がいいよ。でもけっこう間抜けですよ」

富田さんは私の目を見て吹き出しながら言う。

「お役に立てるかどうか――」

八木さんは頭を掻いて話し始めた。

八木さんには大学生の頃、熱烈的な片想いをしている女性がいた。

奈緒子さんといい、学年中の視線を集める美女だった。冴えない学生生活を送っていた八木さんにとって、奈緒子さんは高嶺の花だったそうだ。

いざ話しかけようとしても、毎回躊躇《ちゅうちょ》してしまいその場から逃げ出してしまう。

そんな様子を見て、富田さんをはじめ悪友たちは笑っていたそうだ。

そしてある夜、八木さんは奈緒子さんの夢を見た。

奈緒子さんは自宅の寝室で髪をとかしながら鼻歌を歌い寝支度をしていた。

(奈緒子ちゃんは鼻歌まで麗しい)

夢の中でもメロメロになっていると、枕元に冷たいものを感じ「ハっ」として目を覚ます。冷たいものの正体は自身の涎だった。

その間抜けっぷりに落胆しながらも、翌朝は支度を整え大学に向かった。

校門をくぐると奈緒子さんがいた。昨晩の夢のこともあってか、八木さんが恥ずかしそうに俯くと、奈緒子さんは少しだけ首を傾け会釈してくれた。

(奈緒子ちゃんが俺を認識してくれている)

八木さんにとっては大興奮すべき大きな出来事だった。

その後も悶々《もんもん》とする日が続いたある夜、八木さんは珍しく寝付きが悪く何度も寝返りを打っていた。

（奈緒子ちゃんのことを思ってるからかな）

そんなことを考えるとさらに寝付きが悪くなる。

（お願い、寝たいから奈緒子ちゃん、一回消えて）

そう胸の内で呟くと、急に身体が動かなくなった。

（なんだこれ？）

声も出ないし手足の自由もきかない。なんとか手を動かそうと気持的に身をよじる。

メリメリメリ――

なにかが剥《は》がれるような音が聞こえる。

メリメリメリメリ――ッ
ふっと身が軽くなった気がして目を向けると、眼下には目を見開いたまま硬直している自分がいる。

（これってもしや、幽体離脱じゃ？）

小さい頃にテレビで見た幽体離脱が自身に起こっていると認識した。

普通こういった場合、恐ろしさを感じ、なんとか自分の身体に戻ろうとするものだが、八木さんは違った。

（せっかく幽体離脱をしたんだから、奈緒子ちゃんの家に行こう）

まったくもってバカである。

しかし奈緒子さんの家は知らない。

（奈緒子ちゃんの家を教えてくれ）

誰に念を送ったものか強く願うと、眼下には奈緒子さんの姿が見える。どうやら八木さんは彼女の家にいるらしく、部屋の中でスヤスヤと可憐な寝息を立てている奈緒子さんがいる。

幽体離脱にもかかわらず、大興奮である。

しかし、天井あたりをさまよう八木さんはなんとか奈緒子さんに近づこうとするのだが、結界でもあるのかなかなか近づけない。

（でもまあ、かわいい寝顔も見られたしもう帰るか）

思った瞬間、結界が壊れた気がした。その隙を逃さず、八木さんは奈緒子さんの顔の目前まで下降していった。

キスのチャンスとばかり唇を尖らせると、眼の下の奈緒子さんがカッと目を見開いた。

慌てた八木さんがたじろぐと、なにか強い力で上に向けて引っ張られた。

ガンッ
天井に強く頭を打ちつけて――。

激痛で目を覚ましたのは翌朝のことだった。後頭部に手をやると赤黒い血がベットリついている。枕も血でゴワゴワになっていた。

「ぎゃー」

八木さんの叫び声に驚いて駆けつけた母親も、その姿を見て叫び声をあげた。

病院に行ったら何でできた傷かはわからないが、大きく切れていたのだという。

大判のガーゼで頭を覆ったまま大学へと向かった。

(昨夜のことは夢だとしてもリアルだったなあ)

遅刻ギリギリで飛び込んだ教室で、三列前に座る奈緒子さんを見ながら思っていた。

授業が終わり、教室を出る寸前に奈緒子さんが近寄って来た。

思いがけないことに、八木さんは目を剥《む》いて硬直した。

「ねえなんなの、キモイんだけど。もう二度と夜中に部屋とか来ないでくれる？」

奈緒子さんは目を見据えて吐き捨てるように言うと、教室を飛び出していった。

（えっ、なにそれ？）

混乱と落胆が頭の中を交差し、その日はものすごく落ち込んだのだそうだ。

しかし不思議なことにその日以来、奈緒子さんを見てもなんの感情もわかなくなった。

罵《ののし》るように発せられたあの言葉のせいかとも思ったがそうではなく、何かがスッと抜け落ちたように興味が無くなったそうである。

「ねっ。くだらないでしょ？　でも不思議ではありますよね」

富田さんはそう言うと満面の笑みを浮かべた。

となりで照れ笑いをする八木さんの後頭部には、一〇センチはあろうかという傷跡が今もある。

狂犬

「オカシイ奴って、どこまでいってもオカシイんですかね？」

後輩と怪談話に花を咲かせていると、綿貫さんがポツリと呟いた。

「えっ？　と言うと？」

私の問いに綿貫さんは自身の体験談を聞かせてくれた。

綿貫さんには中学生時代、小池という同級生がいた。

小池のあだ名は「狂犬」。

言動や行ないがおかしなやつだった。

下校途中、民家で飼われている犬の目に給食で残ったバターを塗り込んだり、下級生を縛りつけて水責めをしたり、奇声を発して老人ホームの花壇を壊したり……。

さらに一旦キレて暴れ出すと、誰も奴の暴走を止めることが出来なかった。喧嘩相手の耳に喰い千切《ちぎ》らんばかりに噛みついて重傷を負わせるなんてこともザラだった。

同級の不良たちにとってもアンタッチャブルな存在だったという。

「今だったら確実に病名があったと思います、でも徳光さんや私の時代は人口も多かったせいか味噌糞《みそくそ》一緒のゴッタ煮の時代だったでしょ?」

「そのとおり」私は大きく頷いた。


中学三年生の梅雨時、「狂犬」小池は実にあっさりと死を迎えた。

雨上がりの下校時に、ふざけて振り回していた傘に足を取られ、転倒して頭を強く打ったのだ。日頃の行いから倒れた小池は誰にも助けられないまましばらく捨て置かれ、病院に運ばれた時にはすでに事切れていたという。

同級生として綿貫さんも葬式に行ってその死に顔を見たが、半笑いのニヤけたものだったそうだ。

「なんで葬式なんて出さなきゃいけないんだよ、無駄な金だよ。死んだんだからほっといてくれりゃいいのに」

会場にいる人たちに聞こえるような大声で騒いでいる中年女が、小池の母親だと聞いた時、綿貫さんは中学生ながらなんともいたたまれない気持ちになった。

それからひと月も経たない頃あたりから、校舎の中で小池の幽霊だという目撃情報が頻繁に出るようになった。体育館にいたとかトイレに出たとか噂になったが、綿貫さんはそういった話をまったく信じないタイプだったので聞き流していた。

卒業も押し迫った三月、お別れ会実行委員になっていた綿貫さんは、夕方過ぎまで学校に残り作業をしていた。実行委員全員でやらなければならないほどのものではなかったので、同じクラスの飯田さんという女子と二人で行っていた。

ひと段落したところで、飯田さんがトイレに行った。

(もう少しだけだし、あとは明日でいいか)

綿貫さんはひとり教室で待ちながら、残りの作業のことをボンヤリ考えていた。

ドーンッ

背中に衝撃が走った。

「俺だよ、俺。死んだよ〜、死んだよ〜」

前のめりに床に倒れた綿貫さんが身を起こすと、目の前には夏の制服を着た小池が立っていた。

「死んだよ〜、俺、死んだよ〜」

繰り返し叫ぶと、

「ベッベッベッ」

綿貫さんに向かって唾を吐きかけてきた。

「なにすんだよ、おまえ」

必死に声を絞り出す綿貫さんの肩をめがけて、小池はさらに蹴りを一発――。

気を失った綿貫さんが目を覚ましたのは、飯田さんの悲鳴でだった。ようやく正気を取り戻して立ち上がると、飯田さんはしくしく泣いている。

わけを訊ねなくとも理由がわかった。

二人で準備していた飾り付け用のリボンや花やメッセージボードなどが、めちゃくちゃに壊されていた。

「僕じゃないから」と言う綿貫さんを、飯田さんは怯《おび》えたような眼で泣きながら見る。言い訳は諦めて「自分がやり直すからいいよ」と飯田さんを帰した。

ひとり残り、作業を黙々と行っているとツーンと鼻をつく嫌な臭いに気がついた。見れば、制服の前の部分があちこちテラテラと光っている。

小池が自分に吐きかけた唾のことが思い出された。

脱いで改めて見て見ると、背中と肩の部分には上履きの足跡がくっきり残っている。綿貫さんは恐怖よりも怒りを覚えた。その怒りが原動力となったのか、その日のうちにしっかりと作業を終え、帰路についた。

「なんなんですかね？　本当にわけのわからない怒りでしたよ。まあ、あいつもあんな親に育てられて気の毒ではありましたけど、俺はなんにも関係なかったんですよ」

霊現象にここまで怒っている人は初めて見たということで、この話を締めることにしたい。

渦巻

江村さんは大学生の頃、鉄階段モルタル二階建てのアパートに住んでいた。

間取りは六畳一間で、和式便所と辛うじて風呂と呼べるようなものがあり、収納は押し入れひとつである。築もずいぶん経っていそうなボロアパートだった。

金と豪華な部屋は無かったが、見た目が男前で話術にも長けていた江村さんは、そんな部屋なのに取っ替え引っ替え女を連れ込んでいたという。

ある日、彼の前にひとりの女の子が現れた。名前は淳子と言い、白い肌とつぶらな瞳、肩までの黒髪が似合い、性格もおっとりしていて出しゃばらず、三歩後ろを歩くような、江村さんにとって理想的な純情少女だった。

（この子とは真面目に付き合おう）

改心をして江村さんは彼女に告白をし、付き合うこととなった。

付き合い出しても淳子は変わらずおっとりしていて、常に江村さんを立ててくれた。

しかしそんな彼女の控えめな部分に甘えて、江村さんの本来の性分がムズムズと騒ぎ出してしまったのだ。

淳子と会う頻度を最小限に抑え、以前のように次々と女を部屋に連れ込むようになった。ひとつだけ自分に課したのは「情事が終わったら泊まらせないで帰すこと。好きなのは淳子だけ」というものだった。

週末は淳子と一緒に過ごすが、平日は放蕩三昧《ほうとうざんまい》という生活はうまい具合に過ぎていったが、妙な夢を見るようになった。

江村さんは安布団の上で寝ている。すきま風が吹き込んでくる音で目を覚ます。暗闇で音の出所を探すと、押し入れの襖が「ダンッ」と大きな音を立てて開く。その真っ暗な押し入れの中を覗いてみると、気象衛星写真で台風を写した時のような渦巻が見える。そして渦巻はじつにゆっくりとうねりながら動いている。その渦巻の中心に吸い込まれそうになる――。

ここで脂汗《あぶらあせ》をかきながら目を覚ますといった具合だ。

決まってひとりで寝ている時に見るのだが、それがだんだんと進化してきたという。

押し入れの中にある渦巻は同じだが、その渦の中に無数の手が生えてきて、江村さんを掴んで引っ張り込もうとするようになったのだ。

脂汗と冷汗が同時に噴出して目が覚めるので、さすがに参ってしまった。

ある日、淳子にその夢の話をしてみた。すると、

「江村くん、かわいそう。私が代わりにうなされたいくらいだよ。一緒にいる時は見ないんだったら、ずっと一緒にいてあげるね」

優しく包み込むような言葉で江村さんの心を癒してくれた。

(こんなに想ってくれる淳子がいるのだから、もう、浮気はしない)

そう心に決めた江村さんは、ボロアパートで淳子と暮らすことにした。

二人での生活慣れてきた頃。江村さんは悪夢を見ることなく、そのことすら忘れていた。そんなある夜、久しぶりにあの夢を見た。

夢はさらに進化していた。押入れの中に渦巻く渦巻の中に無数に蠢《うごめ》く手。その中心に、満面の笑みを浮かべる淳子の顔がなぜか出現したのだ。

ハッと目を覚ますと、隣りにいるはずの淳子がいない。暗闇で目を凝らすと、開い

た押し入れの前でモゾモゾ動く人影がある。

「淳子？」

恐る恐る問いかけると、

「ごめん、起こしちゃった？　押し入れが気持ち悪いって言ってたから、江村くんが寝た後、御札を貼ってそこにお祈りしてたんだ」

淳子は布団に戻ってくると江村さんに抱きついて言った。なんでこんな時間に？と思ったがその笑顔にほだされて二人は再び眠りについた。

よほど眠りが深かったのか、目が覚めたのは夕方近くだった。こんなに爆睡するなんて、よっぽど悪夢がショックだったのかなと思いながら起き出すと、

「出掛けてきます、帰りは夕方になります」

という、淳子の置き手紙がテーブルに置いてあった。

大学もバイトも休みの江村さんは、部屋で手持無沙汰になっていた。ふと、昨夜の淳子が御札を貼ったという押し入れを見て見ようと思い立った。

あの悪夢を見ていた頃は押し入れを開けるのも嫌だった。昨日久しぶりに見たのだ

が、淳子がいてくれるおかげかそれほどの躊躇《ちゅうちょ》はない。
押し入れをガサゴソと探ってみる。御札っていうのはどれだ？
見つからなかった。その代わり……。
見覚えのない大学ノートが収納ボックスの底から顔を出した。パラパラと捲ってい
ると「A子」「B子」「C子」「D子」……とページの頭に女の名前が並んでいて、そ
の下にはそれぞれに女の特徴のようなものが書いてある。
「あっ！」
江村さんは青くなった。ここに書かれている女の名前は浮気をした女の名前だ。
ノートの裏表紙には、ギタギタに切り裂かれた江村さんの写真と、逆さに御札が貼
られていた。そしてその下に黒の極太マジックで書き殴られてある。
「怒・怨・了」
ふいに携帯が鳴った。表示を見ると淳子からである。通話ボタンを押して耳に当
てた。
「今、駅に着いたところ、すぐに帰るね」

なんともいえない恐怖に「うう」とも「ああ」ともつかない返事をした後、慌てて着替えると部屋を飛び出した。

缶コーヒーを手に近くの公園のベンチに座り、いったいさっき見た物がなんだったのか考えようとしたが、うまく頭が動かない。あんなに自分に優しい淳子だったけれど、自分の浮気を知った上でのことだったのか？

あの笑顔と優しさがとてつもない恐怖へと変わった。

どれほどの時間が経ったのかわからなかったが、すっかり日は落ちて公園は暗闇の中、人の気配もない。重い腰を上げて部屋へと向かった。

「うっ」

アパートに近づくにつれてその前の道にいろいろな物が投げ捨てられているのが見えた。ＣＤや本、服やカバン――それらが見覚えのある自分のものだと気づき、二階の自分の部屋を見上げた。

窓が開けっ放しになっている。

そっと外階段を上がり、部屋の前で耳をすました。人の気配はしない。

ドアを開けて覗き込んだ江村さんは愕然《がくぜん》とした。想像以上に部屋の中は荒され、物が壊され散乱していたのだった。押入れの襖《ふすま》には、黒の極太マジックで、

「許さない、覚えてろよ」

と殴り書きがされていた。もう淳子は戻って来ないと江村さんは察した。

淳子とはまったく音信不通になったが、未だにその影に怯えている。

「あの渦巻って夢だったんですかね？　意図があったように思えるんですよ」

そう言う江村さんに、

「渦巻を用いた呪いというのは耳にしたことありませんね。失礼ながら、その渦巻に飲み込まれていたらどうなっていたかが大変興味をそそります」

つい本音を言ってしまった。

家族旅行

妙子さんが小学五年生の時の夏休みのこと。両親と二つ下の弟と四人で、車で夏休みの家族旅行に出かけた。

「ペンションに行くんだよ！」と母親に言われて、「ペンション」が何かよくわからないけれど、弟と二人でものすごく楽しみにしていたという。

まだカーナビなどはない時代で、助手席に座る母親が、地図を見ながら父親のナビゲーションをした。

目指すのは、関東近郊の山里にあるペンションだ。出発を昼からのゆっくりにしたのは、夕方に到着してペンション名物のバーベキューがある予定だったからだ。

あと数キロ直進すると到着するという頃、天気が急に悪くなり、黒い雲があっという間に空全体を覆ってしまった。

まるで夕闇のような薄暗闇の中、ポツポツと大きな雨粒が落ちてくるや、ワイパーを最速にしてもぬぐえないほどの土砂降りになってしまった。

遠くの空を見上げると明るい。一時的なものだろうし、こんな大雨の中運転して事故にでもなったらよくないということで、少し膨らんだ路肩に停めて雨雲が去るのを待つことにした。

エンジンはかけたまま、ハザードも点灯させている。

「今のなに?」

家族全員が顔を見合わせた。フロントガラスになにやら一閃の光が横切ったのだ。雷ではないし、対向車のライトでもない。車を駐車している周囲は畑が広がるばかりで、対抗する車もないし民家はすらない。

サッ――サッ――シュッ――シュシュッ――

光の閃きが何度となく車を取り囲むかのように起こる。子供心にも、なにか不可思議な現象が起きているのでは思い、怖くなった。両親も無言のまま外を見つめている。

「ここでじっとしてないで、もう出よう!」

父親が車を発車させた途端、さっきまで前も見えないほどの豪雨だったのが嘘のように止んで綺麗な星空に変わった。

思わず「わあキレイ！」と妙子さんが声を上げると、

「夜が早いのかな、もう星が出てる」

運転席の父親が笑顔で応えた。

走り出して二〇分は経った。直線距離で数キロだったはずなのに、ペンションに辿り着かない。

「この道で合ってるんだよな？」少し苛ついた風に父親が言うと、

「合ってるはずよ、地図にはそう書いてあるもの」と母親が言う。

「ちょっと停めて確認するよ」と、少し膨らんだ路肩に車を寄せて停めると、母親が持っていた地図を取り上げて車内灯をつけた。

確かに地図だとこの道をまっすぐ行けばつくはずだ。

「おかしいなあ」

父親が首を捻りながら、車を発進させた。

しかし行けども行けども、一向にペンションは見つからない。このままでは夕食のバーベキューに間に合わなくなってしまう。遅れてしまう旨を伝えようと公衆電話を探したが、それも見当たらない。もう一度確認しようと少し膨らんだ路肩を見つけて、車を停めて地図を見返した。確かにこの道で合っている。

「ちょっと待て。俺たちずっと同じところを走ってるんじゃないか？　この路肩、同じところだぞ」

父親が神妙な顔つきで言った。

「なにそれ？　変なこと言わないでよ」

母親がなにか寒気でも感じたのか、二の腕を擦りながら答える。

サッ――サッ――シュッ――シュシュッ――

先ほどと同じ閃光が幾筋も起き､それは今度は車の中を突き抜けて行った｡弟はびっくりして号泣し、両親は固まったまま動かなくなっている。

なぜか冷静だった妙子さんは、声を張り上げた。

「みんな大丈夫？　しっかりしてよ！」

パーンッと柏手を叩くように両掌を合わせると、車内はなにかリセットされたように空気が変わった。弟は泣き止み、両親は「急いで行こう!」と車を発進させた。

ペンションに到着したのは、それから五分もしなかった。駐車場に車を入れ、ペンションの入口の扉を開くと、オーナーが慌てたように飛び出してきた。

「いらっしゃいませ! 随分お早い到着でしたね。夕食の支度がまだ出来ていないので、お部屋でもお庭でも、のんびりしていて下さいね」

「えっ?」

時計を見ると一七時前である。

(あんなに真っ暗で星が綺麗だったのに)

家族全員が同じことを思ったはずだが、みんな無言で荷物を部屋に置き、父親はベッドで休憩した。しかし横たわるなり、

「おまえのナビが頓珍漢《とんちんかん》だから、あんなことが起こったんだ」

父親が母親に嫌味を言い出した。

「そんなこと言ったってしょうがないじゃない、あなたの運転がおかしいのよ」

母親も負けじと食ってかかった。

父親の嫌味は鬱憤《うっぷん》を吐き散らすように、どんどんエスカレートしていく。罵詈雑言《ばりぞうごん》とも言える様子に、母親は号泣し、

「わかったわよ、もういい。私が全部悪いんでしょ！」

乱暴にドアを蹴り、出ていってしまった。

両親のこんな様子はいままで見たことがない。妙子さんも弟も抱き合って震えていた。

「お父さんおかしいよ、なんでお母さんにあんなこと言うの、可哀想でしょ」

妙子さんが恐る恐る父親に進言するが、

「うるせえ、クソガキ！　あんなバカ女どうでもいいんだよ！」

聞いたことのないような汚い言葉で妙子さんを罵《のの》り、父親もまた部屋を出て行ってしまった。何が起こったのか妙子さんにはわからない。弟は号泣している。

妙子さんもパニックになり嗚咽《おえつ》していると、

「バーベキューの用意が来ましたよ～。裏庭に来てくださ い～」

階下からオーナーの実に温かい声が聞こえてきたので、一目散に階段を駆け下りた。

玄関の扉に手をかけたところで、弟を部屋に残してきたことに気づいた。

その時、ドアが開いて弟が外から顔を出した。

「お姉ちゃん、始めてるよ、早く！」

「あれ、なんで？　あんたが外にいるの？」

混乱し動揺する妙子さんの手を引き、弟は勝手知ったるように裏庭に向かった。

そこには焼き場とともにテーブルと椅子が用意され、父親がすでにビールを片手に、肉を焼いている。

「疲れたねー、さ、みんなでいただこう。妙子もほら」

母親が笑顔で着席を促す。

「ねえ、二人は仲直りしたの？」妙子さんの問いに、

「仲直り？　仲直りっていつ喧嘩したの？　お母さんたち」

母親が父親を見つめながら言う。

「だって、さっき……」

妙子さんが先ほどの騒動を説明すると両親は大笑いし、さあ、どんどん焼いて食べようと、なんの説明もなかった。弟も不思議そうな顔をしている。

食事が終わり部屋に戻ると、順番に温泉を使用しているという風呂に入り就寝した。

両親も弟もあっと言う間にすやすやと寝息をたてている。なんだか寝付けない妙子さんは、トイレに行こうと部屋を出た。

二階の廊下の奥にトイレがあるのだが、廊下は真っ暗だった。

スイッチの場所がわからなかったので、そのまま我慢しようかと思った時、電気が点った。ほっとして急いでトイレに駆け込んだ。

用を足して出て来ると、階段の途中にオーナーが立ってこちらを見ていた。

一瞬ビクッと身体を強張《こわば》らせた妙子さんだったが、

「電気ありがとうございます」

とお礼を言うと――。

「今回はお嬢ちゃんだったんだね――」

ニヤリと笑い、オーナーは一階へと降りて行った。


そのペンションでは二泊した。

妙子さんは夜中のオーナーの笑顔が気味悪かったことを覚えているが、後に家族とこの時の話をしたら、閃光が車内に飛び込んできたことと、同じところを堂々巡りしたことは誰もが覚えているのだが、ペンションでの顛末はまったく記憶にないと言われたそうだ。

落としもの

ある地方都市で、当時大学生だった川田さんが経験した話である。

その夜、川田さんは友達数人と居酒屋で飲んでいた。宴もたけなわになり気づけば日付は変わっており、ではそろそろ解散ということで、それぞれ下宿先や自宅へと帰って行った。

川田さんは実家が遠いので、大学の近くにアパートを借りて一人暮らしをしていた。

千鳥足《ちどりあし》で部屋の前に到着し、鍵を出そうとカバンをまさぐった。

（あれ？）

カバンの中身を外に出し、いくら探しても鍵は出てこない。ズボンのポケットを確認してもない。

（まいったな。居酒屋で何かの拍子に落としたか）

ポケットの中に先ほど飲んでいた居酒屋のマッチが入っていたので、近くの電話ボックスから電話をしてみた。

当時流行《はや》っていたキャラクターのキーホルダーが付いているという特徴を伝えると、探しておくという返事があった。携帯電話がない時代である。川田さんは、再び居酒屋に向かって歩を進めた。

閉店準備をしている居酒屋に到着して「先程電話した者です。鍵ありました？」と聞くと、テーブルの下にもトイレにも鍵らしき落としものはなかったと言われた。

アジアからの留学生らしい店員はとても親切で、川田さんが自分でもう一度探すことを許してくれたばかりか一緒になって探してくれたが、やはり見つからない。

店員に礼を言って店を後にしたが、鍵がないと部屋には入れないので途方にくれた。

繁華街とはいえ人影もまばらになってきている。

思い出せる範囲で自分が通ったルートを辿り、地面とにらめっこをしながら探した。

ドンッ

地面に集中して周りが見えていなかったのもあり、誰かとぶつかった。まだ酔っていることもあり、川田さんはひっくり返ってしまった。

「すみません」

「マダ、ミツカラ、ナイデスカ」

先ほどの居酒屋の店員だった。

「そうなんですよ」地面に座り込んで困った顔で苦笑する川田さんに、

「ワタシ、イッショ、サガシマスカ?」

店員はそう言うと、自らも片膝をついて周りを見渡している。

(なんて優しい人だ)

少し感動をおぼえ再び地面に目を向けていると、店員が「ア、アレ!」と声を上げた。

奇跡か! 川田さんは眼を見張った。目の前に駐車しているバンの下に、光るものをみつけた。

「あれだ!」

横倒しの状態になったキャラクターの光る眼と目が合ったのである。川田さんは一目散にバンの傍に寄ると、前輪と後輪の間に右手を伸ばし入れた。

ブォン、ブォン、ブォン、ブォン――

車のエンジンがかかる音がした。え？　これ人が乗ってたの？　と一瞬頭に過《よ》ぎりつつも急いで手を抜こうとしたが間に合わなかった。

「うわ、うわあああ」

ガクンとバンが動いたと同時に、右腕が後輪の下敷きになった。しかも腕に乗り上げた後輪がそのまま、どこうとしない。

「助けてくれぇ」

川田さんが苦痛に顔を歪ませていると、

「#$%〃　$%&」

聞いたことがあるようなないような言語が、腕を取られて地面でもがいている川田さんの頭上から聞こえてきた。

涙目で見上げると、先ほどの店員である。

彼がニヤリと笑うと、バンの後輪はゆっくりと腕から降りた。そのまま五メートルほど前方に移動して止まった。

「ワタシタチ、カケ、キャンブルシテマシタ。アナタノ、ウデヒカレルカ、ヒカレナイデカギトレルカ、アナタヒカレタカラ、ワタシカチマシタ。ハイ、コレアゲル」

そう言うと、右腕を抱えて蹲《うずくま》る川田さんの目の前にクシャクシャの千円札を落とした。そしてバンの方へと歩いて行くと助手席に乗り込んで去って行った。

治療費にもならない金と鍵を左手で握りしめ、川田さんは家路についたのだった。

「しばらくしてから、目の前にあるものなんでも賭けの対象にする民族ってのをなにか記事で目にしたんですよ。そこのヤツですよ、あの店員」

大学卒業までどんな誘いがあっても、その居酒屋で飲むことはもちろん、件の繁華街に足を踏み入れることも川田さんはしなかった。

生け贄の代償

麻美さんが幼少の頃、近所にしーちゃんという幼なじみがいた。

「眼がぱっちりしていて、本当にお人形さんみたいに可愛い子でした」

しーちゃんは一人っ子で共働きの両親に育てられていた。

「そこのご両親は、しーちゃんのことを表面上は可愛がっていたんですけど、なんていうのかな、物を与えておけばいいって感じがしていましたね」

しーちゃんの家に行けば、おもちゃもぬいぐるみもベッド一杯に溢《あふ》れかえっていた。

ある日、麻美さんがしーちゃんの家に遊びに行った時のこと。

「麻美ちゃん、生《い》け贄《にえ》って知ってる?」

麻美さんはそんな言葉を知らなかったので首を横に振ると、

「あのね、願い事をする時に大切なものを神様にあげると叶うんだ。その時に神様にあげる物を生け贄っていうんだよ」

その説明にきょとんとしていると、

「しーの今日の生け贄ね」

そう言ってパンダのぬいぐるみを抱っこした。

「神様のところに一緒に行こう」

しーちゃんの後をついて外に出た。通ったことのない裏道をしーちゃんはスタスタと歩いて行く。そして「ここよ」と立ち止まったのは見知らぬ一軒家。そのガレージには繋がれた鎖を引き千切《ちぎ》らんばかりに、怒りで唸っている雑種の犬がいた。鼻の上に皺《しわ》を寄せこちらを威嚇《いかく》している。

麻美さんが恐怖のあまり声を失い震えていると、

「大丈夫だよ、神様だから。じゃあ、神様に生け贄を――」

しーちゃんは厳かにそう言うと、犬に向かって抱いていたパンダのぬいぐるみを投げつけた。

犬の鼻先に当たりかけたぬいぐるみは、瞬《また》く間に犬に噛みつかれズタズタになった。

実に無惨な姿だった。

「しーちゃん、かわいそうだよ。すごくお気に入りだったじゃない」

麻美さんが瞳に涙を浮かべて言うと、

「願い事が叶うから良いんだもん。しーはパパとママと一緒にいたいってお願い事してるんだもん」

そう言ってこらえきれなかったように泣き出してしまった。

(大泣きしたいのはこっちだよ)

麻美さんはそうも思ったが、しーちゃんの願い事を聞いて子供ながらに憐れみを感じ、背中を摩《さす》りながらしーちゃんの家に帰った。

そして帰宅後、母親にその話をした。母親は顔色を変えて、

「そんなことして願い事なんて叶わないのよ。しーちゃんのママ、なんてことを教えてるのかしら。ちょっと、お母さん、しーちゃんのママと話をしてくるわ」

そう言いながら上着を着ようとするので、麻美さんは明日自分が言うからと、泣いて阻止した。麻美さんには、友達と呼べる子がしーちゃんしかいなかったからだ。

翌日、母親に言われたことをしっかり伝えようと、勇んでしーちゃんの家に向かった。チャイムを鳴らすがしーちゃんは出てこない。鍵が開いていたので勝手知ったる家の中を上がっていくと、リビングにしーちゃんがひとりで蹲《うずくま》っている。

「どうしたの、しーちゃん？」

「パパとママがいなくなったら——お人形さんたちが、しーのこといじめるの。お友達が死んじゃったって。怖くてお部屋に入れない」

泣き過ぎたのか目は真っ赤に腫れている。麻美さんも怖くなったのだが、

「しーちゃん、大丈夫だよ。一緒にお部屋に行って、お人形さんに謝ろう」

二人で寝室に向かいドアを開けてみるが、案の定なにも異変はない。

「しーちゃん、大丈夫じゃない」

振り返ると、しーちゃんが恐怖に満ちた表情で喚き出した。

「みんなでしーを生け贄にしようとしてる！　怖い！　殺す殺すって言ってる！」

その様子を目の当たりにしていた麻美さんは、どうしていいのだかわからなくなって家を飛び出し、自宅に逃げ帰ってしまった。

心配した母親は麻美さんに問いただしたが、麻美さんはなぜかこの話はしないほうが良いという勘が働いて、近所の犬に吠えられたと咄嗟《とっさ》に嘘をついた。

気が進まなかったが、途中で逃げ出したことを謝りに行こうと、翌日麻美さんはしーちゃんの家に向かった。チャイムを鳴らすと、この日は笑顔でしーちゃんが出迎えてくれた。

「しーちゃん、昨日は……」謝ろうとすると、

「麻美ちゃん、大丈夫だよ。それよりちょっと来て」

しーちゃんがバタバタと麻美さんの手を引いて外に出る。連れて行かれたのはあの獰猛な犬が繋がれている家だった。

そこには無惨に引き裂かれ食い千切られた大量のぬいぐるみの残骸が転がっていた。

「みんなでしーのことといじめるから、神様の生け贄にしちゃった。ぜーんぶ、全部」

しーちゃんはケラケラ笑っている。

その狂気の表情に幼い麻美さんも危険を察知し、しーちゃんの手をふり切って全力

でその場から立ち去った。今度こそは母親に拙い言葉ながら全部事情を説明し、しーちゃんとは会わないと宣言もした。

言葉どおり、しーちゃんに会うこともしーちゃんの家に行くこともしなくなった。しーちゃんからも来ることがなかったし、近所のお友達が他にもできたのもある。ある日、たまたましーちゃんの家の前を通ると、人の気配がまったくなかった。その様を帰宅後母親に話すと、しーちゃん一家はちょっと前に引っ越したというのだった。

大学生になった麻美さんがバイトを終え、自転車に跨がり帰ろうとすると、背後からポンと肩を叩かれた。

「麻美ちゃん、しー、静香だよ、覚えてる?」

振り返ると、夏だというのに真っ黒なレインコートを身に纏い、ツバの大きめなハットを目深に被った女が立っていた。

「しーちゃんなの?」

麻美さんが顔を覗き込むと、

「うん、麻美ちゃんだと思って声かけちゃった。ごめんね、急いでた?」

「大丈夫だよ、帰るだけだから」

そうしたら、少しお茶でもしないかという。麻美さんも同意し喫茶店に入った。

かれこれ一二、三年は経っているだろうが、しーちゃんは一方的に自分のこれまでの話をしはじめた。

うんうんと頷いて聞いていると、

「麻美ちゃん、あの日のこと覚えてる?」

そういわれて麻美さんもすぐにわかった。ぬいぐるみの生け贄の話だ。

「うん。子供だったからね。わかってないから、ああいうこともやっちゃうんだよ」

そう返す麻美さんに、しーちゃんは反応せずに言葉を続けた。

「やっぱり、ぬいぐるみにも魂とか念とかってあるのかな? あんなふうにわざとズタボロにしたからその怨みが私に――今、私が生け贄になってるかもしれないの」

はあ? と何を言い出すのかと見つめる麻美さんの前で、しーちゃんはハットを取りコートを脱いだ。

麻美さんは息を呑んで目を見張った。

頭はところどころ地肌が見えるほど髪がザンバラに抜け落ちている。髪の毛を捕まれ引きずられでもしたのだろうか。さらに酷いのは腕だった。自傷の跡らしき切り傷に、幾重にも重なるかのように火傷《やけど》のケロイドが盛り上がっている。首元にも絞められたような赤黒い痣が残っている。

「旦那にやられたの。でも、全部、自分が悪い気がするから、償うしかないの」

そう言うしーちゃんの眼は、目の前の麻美さんが見えていないように虚ろだった。

凍りついたように絶句していた麻美さんだったが、何か言わねばと口を開こうとした瞬間、しーちゃんはコートとハットをさっと身につけると店を飛び出していった。

「因果応報ってありますけど、ぬいぐるみですよ？　信じるべきなんですかね？」

麻美さんにそう言われたので、

「それとこれとはまったく関係ないと思いますよ」

そう返した私だったが、なんかある気がすると内心では思っていた。

覗き屋イチのはなし

「徳光さん、変な話好きだろ？　今度、変なの連れてくるからね」

行きつけの居酒屋で羽田さんにそう言われた三日後、羽田さんは「変なの」を連れてきた。


「どうも、市川です。ムヘヘ」

薄ら笑いを浮かべた男は市川と名乗った。中肉中背で特徴がないのだが、真っ黒なフライトジャケットと黒の厚手のカーゴパンツ、さらに冬用のニット帽、そしてパイロットがしそうな黒が強めのサングラス。真夏だというのに大変暑苦しい格好をしていた。

「職業はその〜、人間観察というか徘徊というか、その〜、自由業ですかね、その〜」

もじもじと擦《す》り合わせた掌《てのひら》に目をやりながら話し始めた、実に気持ち悪い奴だ。

「なに、カッコつけてんだよ。おまえ、フリーターの出歯亀《でばがめ》だろ」

羽田さんが市川の肩を強く叩きながら言うと
「羽田さん、口が悪いですよ。ぼくは依頼されて覗くこともあるんです。覗き屋と言ってください」

若干強めの口調で、姿勢を正しながら返してきた。

「そうでしたか。なかなかリスクを背負ってらっしゃるのですね。変わった体験をなさっていると伺いまして、本日はお越し頂いたのです。本当にありがとうございます」

市川の琴線に触れぬように、出来るだけ丁寧に言葉を選びながら本題に移るように誘導した。

「いろんな目的で覗くんだけど、たまに後になって考えると変なことがあるんですよ〜」

語尾を伸ばすだらしない元の口調に戻り、市川は話し始めてくれた。

何度でも

高台にある公園から、とある団地を覗いていた時の話である。

その高台公園は、夜ともなると恋人たちが夜景を眺めながら逢瀬を愉しむスポットである。ベンチに座って肩を抱く者、フェンスに寄りかかって体を重ねる者、車の中で抱きしめ合う者……。夜景が抜群の演出になり、一気に盛り上がる場所だそうだ。

そこに市川は足しげく通っていた。

市川はその日、高台公園の駐車場のフェンスギリギリに車を停め、いつものように小型望遠鏡のフォーカスを決め、レンズを覗き込んだ。

彼は公園でいちゃつく奴には興味がないと言う。市川が興味のあるのはフェンスの向こうの団地、その部屋の中、窓越しに起こる出来事なのだそうだ。

A棟を見、B棟を覗き、C棟を眺めていたが、週末の二一時とあってか団地の窓明かりはまばらだった。

諦めムードで少し白けていると、ある所が目に留まった。

C棟の屋上である。

彼の主張趣旨からして、屋上は興味の対象外のようなのだが、この日は違った。

夜だというのに一〇数人ほどの人影が蠢《うごめ》いているのがわかる。さらに目を凝らして見てみると、制服を着た女子学生、スーツを着たサラリーマン風の男、中年女性に老人男性、一貫性のない不思議な群れなのだ。

それぞれ別の方向を見ており、目を合わせていることもなさそうだし、口が動いているようにも見えなかったので会話をしている感じでもなさそうだ。

そしてその群れの中から、紫色っぽいカーディガンを着た中年女性が少し離れた。

中年女性はフェンスによじ登ると、あっという間に地面目がけて飛び降りたのだ。

「あっ」

背中に厭な汗を感じながら思わず声を漏らしたが、なぜだか目を逸らすことは出来なかった。

今度はグレーのセーターを着た老人がフェンスを乗り越えて落下した。

さらに紺色のスーツを着たサラリーマン風の男性は、勢いをつけて飛び降りると虚空に吸い込まれていった。

次から次へと飛び降りる人々に目を奪われていたのだが、屋上にいる面々の行動も気になるものだった。

先ほどはテンでバラバラだったのに、いざ飛び降りが始まるとフェンスにしがみつきその行方を凝視している。そしてある程度間を置くと皆揃って夜空を見上げている。飛び降り者が出る度にその一連の行動を繰り返しているのだ。

（んっ、待てよ、屋上の人数、減ってなくねえか？）

疑念が過ぎった。そう、先ほどから何人も飛び降りているのに、屋上にいる人数がまったく減っていないのだ。

（これはこの世の者じゃない）

背筋に悪寒が走った市川がレンズを他方に振ろうとした瞬間、屋上にいた全員がこちらを見てゲラゲラと笑い出した。

市川の記憶はそこで途切れている。

目を覚ましたのは、自宅のベッドの上だった。どうやって帰ってきたのか、どうやって寝床に入ったのかという記憶はまったくなかったそうだ。

怖さはあったが念のため、翌日の昼間、その団地のC棟の下に行ってみたが、キャッチボールをする親子や自転車に乗った子供がはしゃいでいるといったごく普通の日常風景だった。団地が自殺の名所であるといった噂も皆無だった。

その後、そのスポットに行っても再びあの現象を目にすることはないそうだ。

もう一人

「高層マンションも、ターゲットを絞るのがけっこう大変なんです〜」

まったくいらない情報だったが、興味ありげに私が身を乗り出すと、市川は得意気に話し始めた。

「二百室以上あると、電気がついてない部屋、カーテンが閉まってる部屋、ファミリーで住んでて興味のない部屋（市川の主観）。その中で、私の好奇心をくすぐるのは大体一割から多くて二割ですね。でも、二割って言っても約四〇部屋でしょ？　絞り込むのが大変で～」

大変かもしれないが、その大変さは普通まったく必要のないものだが……。

その日も小型望遠鏡をセットし、高層マンションの覗きに勤しんでいた。

上下左右にレンズを振りターゲットを探していると、市川好みの部屋が見つかった。カーテン全開で男と女が夜景を見ながらいちゃついている。

恰幅のいい感じの中年男と香水がここまで匂ってきそうな真っ赤なワンピースを纏《まと》った若い女。

（ウヒョ～これは不倫だな、男が女の家に来たのか？　女が男の家に来たのか？）

市川が妄想を膨《ふく》らましていると、男の左横に突然スッと別の女が現れた。男は右に座らせた派手な女と相変わらずいちゃついている。

若い女とはまったくタイプの違う、紺色のカーディガンを羽織った顔色の悪い地味な女だった。

「エッ」

その登場の仕方と容姿の差に驚きはしたが、

(もしや三人で?)

と妄想を膨らませた。しかし男はその地味な女には見向きもしないで、派手な女の方を向きキスをしたり髪を撫でたりしている。その間、地味な女は正面を向いて口を真一文字に結んでいる。

やがて男と派手な女、双方の服にお互いの手がかかったその時、男は気がついたようにカーテンを閉めた。

(なんだよ、ここからだったのに)

落胆した市川が他のターゲットを探そうとした時に、気がついた。

閉まったカーテンの外側に、地味な女だけ取り残されているのだ。口を真一文字に結び、力のない目で正面を向いている。

(あれ?)

さらに不自然だと感じたのは、その女に立体感がないのだ。まるでカーテンの柄のようにペラペラしている。男の横に立っていた時には気がつかなかった違和感だ。

「やばい、人じゃない」

ようやく思い至って恐怖のあまりつい声を漏らすと、女は結んだ口の口角を上げた。市川に視線の焦点を合わせると薄笑いをしたような気がした。そしてフッと消えた。

急いで車に戻りエンジンをかけると、その場から立ち去った。

帰宅後、市川は震えながら洗面所に飛び込み、両目を強く擦り顔を洗った。女と目が合ったと思った瞬間、刺すように痛みを感じたのだ。

翌朝、洗面台で鏡を見てびっくりした。白目の部分が真っ赤になっている。充血とは違って、血が滲《にじ》み出ているような色になっていた。

「未だに治らないんですよ」

そう言うと市川はサングラスを外してみせた。

確かに白目の部分が見事な赤色になっていた。

一瞬息を飲んだが、私も疑り深いのと好奇心が強い方なので、じっくり見させてもらったが、カラーコンタクトや結膜炎《けつまくえん》といった病でもないように思えた。

特大サイズ

戸数が少ない五階建てのマンションがあったそうだ、ワンルームが主なこじんまりとした物件だった。

ターゲットは一人暮らしの女性の部屋。このマンションは女性の住居者が多いのを事前に知っていた。覗き屋・市川は、もちろん着替えなども見たいのだが「女性の日常がどうなっているのかを拝見したいんです～」と胸を張った。

そのマンションの向かいに建つファミリー向けマンションの屋上から、覗ける女性の部屋はないかと物色していると、なんだか奇妙な光景を目にした。

ひと部屋、ベランダの窓越しに部屋の中が見えるのだが、住人の様子がなんだかおかしい。あきらかに大きすぎる頭部を持つ女と、飼犬らしいがこれも大きな頭部を持つ犬が見える。ひとりと一頭の大きな顔は、ベランダのガラス一杯に広がった。

それが作りものではないと思ったのは、鼻と口のあたりのガラスが吐く息のせいでくもっていたからである。

両者は窮屈そうに窓に顔を押し当てている。

怖さもあったのだが、その異様な光景が可笑しくなり、しばらく観察していた。たまに犬が横を向き女の顔を舐める。女はくすぐったそうな素振りを見せる訳でもなく、犬の頭を撫でる訳でもなく虚空《こくう》を眺めている。

そして一人と一頭は、急に部屋の中を振り返った。あれだけギュウギュウの状態だったのに実にスムーズな動きだった。

そしてその瞬間、部屋はなにもなかったように真っ暗になった。何度見返しても、まるではじめから空室であったかのように静まり返っている。

市川は、恐怖というよりなにか拍子抜けをして、その場を後にした。

その後しばらくそこには行かなかったのだが、久しぶりに覗きに行くと、その部屋では普通のサイズのあの女と犬が生活をしていた。

（錯覚にしてはリアル過ぎたよな）

なにか腑《ふ》に落ちない感情があったもののその場を後にし、車に向かったその時、あの部屋にいた女と犬が目の前に立ちはだかっていた。

「覗いてたでしょ？」

その瞬間、犬が市川に飛びかかり耳に噛みついていた。必死にもがいて助けを求めると女は市川にむかって吐き捨てた。

「あんなこと、しょっちゅうあるわけじゃないの。それなのに――たまたまあんたが見ちゃっただけ。あと、あのマンション、ペット禁止だから内緒にね」

女が犬を連れて立ち去るまで腰を抜かしていた市川だったが、鮮血が溢れ出て激痛が走る耳をおさえると耳の形に違和感を感じた。耳たぶが欠けていたのだ。

朦朧《もうろう》としながらあたりを見回すと、赤く染まった耳たぶが道路に落ちていた。

警察へは通報できない。もう二度とそのマンションには近づかないことを誓った。

「肉片、拾えば良かったですかね？」

話し終わった市川がニット帽を取ると、確かに左耳の耳たぶが欠損していた。

その問いは軽くスルーした。そして質問してみた。

「貴重な経験談、ありがとうございました。市川さんはクスリとかやってないですよね？」

ジャンキーならば幻覚もあるのじゃないかと思ったからだ。

「私は覗きが好きなんです。薬物なんかで手ぶれが生じたらどうするんですか！」

確かにその通り。市川は気分を害したのか、ウーロン茶を飲み干すと去って行った。

「な、変なのだろ、徳光さん？」

ニヤリと笑うと羽田さんも会計伝票を残し、夜の街に消えていった。

満身創痍《まんしんそうい》の体になっても、市川は覗きを続けるのだろうか？

その前に逮捕される可能性も相当高いだろう。

騒音

谷山さんご夫妻が新婚当初住んでいたマンションは、騒音問題を抱えていた。

騒音問題といっても、車の音だったり電車の音だったり生活排水音だったりではない。

真上の階に住むカップルが激しい痴話喧嘩をしょっちゅうしていて、その声と物を投げた時の音や振動が問題だった。

そのカップルはチンピラホスト風の軽薄な男とギラギラファッションの水商売風の女だった。夕方頃に出掛けて明け方に帰宅する音が聞こえるから、そういう仕事だったのだろうと思った、と谷山さんは言った。

二人ともエレベーターで会っても挨拶どころか会釈もしない。いつも不貞腐《ふてくさ》れた感じでちょっと怖かったので、谷山さんも知らんふりをしていた。

その二人の喧嘩というのが壮絶を極めていた。だいたいいつも明け方の四時くらいに始まり「てめえ、ぶっ殺すぞ～」「殺せるもんなら殺してみろよ。このヒモ野郎」

「なんだとてめぇ〜」「ドンッ、ドスッ、ボスッ」「やったな、てめぇ、ギャーー」「ガシャーン、パリン、パリン」といった具合だ。今なら即座に警察に通報しただろうが、当時はみんな耐えていたという。

そしてさらに迷惑だったのが喧嘩の後、大声で泣きながら仲直りをしコトを始めた時の声だった。それはまるで野獣のようにおぞましいもので、耳栓をしても軽々ぶち破ってくるほどだったという。

そしてある明け方、いつものように喧嘩が始まった。

これまたいつものような罵り合いと打撃音が聞こえ、目を覚ました谷山さん夫妻はおさまるのをじっと待っていた。すると、

「お願い、殺さないで。愛してるから、好きだから、お願い、助けて」

という女の叫び声が聞こえてきた。

「もう遅《おせ》えんだよ、このクソ女！」

男の怒鳴《どな》り声が聞こえたかと思うと、

「ギャーーーーーーー」

女の断末魔の叫びが聞こえてきた。

（これは本格的にまずいのでは）

谷山さんが一一〇番通報をした。すぐに警官が駆けつけたので、先ほどの叫び声のことなどを伝えると上の階へと走って行った。

やがて、さらにパトカーも数台やってきて、救急車も到着した。

やはりただ事じゃなかったか、と谷山さん夫妻が話していると、先ほどの警官がやってきて事情を聞かれた。

想像どおり、最悪の結果だった。女は滅多刺《めったざ》しにされすでにこと切れていたという。そして男はその場から逃亡したようだったが、近くの公園で血塗れのシャツを着たまま確保されたそうだ。

マンションは大騒ぎになっていたが、すっかり朝になっているし、共働きの谷山さん夫妻は仕事に出るための準備をし、二人揃って疲れた頭を振りながら出かけた

その日の夕方。定時で帰宅をした谷山さんがマンションのエレベーターを待っていると、事件のあった部屋のある階で止まっていたエレベーターがゆっくり下りてきた。

ドアが開く。

「こんばんは、お仕事お疲れ様です。これから仕事行ってきますね」

メイクをばっちり決めたケバイ女が元気よく挨拶してきた。女は上機嫌にマンションの扉を開け、外へと出て行った。

（誰だっけ？　でも見たことあるな）

あっ！　と思わず声が出た。今朝、殺された上の部屋に住む女だ。確認しようと急いで後を追うと、女はまさにタクシーに乗り込むところだった。タクシーが目の前を通り過ぎる時、窓越しに女はこちらを向いて小さく頭を下げた。

家に帰り奥さんにその話をしたが、見間違いだと言って取り合ってくれなかった。

しかし谷山さんは今でも、あの女だったと信じて疑わない。

「それぐらい、あのマンションでは悪目立ちしていた女性だったんで」

にしても、幽霊ってあんなにリアリティがあるものなんですかね。タクシーに乗り込むし、エレベーターに乗ったら安い香水の匂いがプーンと鼻に入ってきたし――。

そう言って首を傾げた。

激変

『こっくりさん』にまつわる話というのはけっこうな割り合いで耳にする。ただその多くはありふれたものだったりする。

今回、靖子さんが提供してくれた話は異質で興味深いものだったので、ここに掲載させて頂く。

靖子さんが中学生二年だった頃、同級生に渡辺慶子という背が低くちょっとぽっちゃりしていて愛想がいい女の子がいた。そのクシャっとした笑顔は、女子生徒からも男子生徒からも、そして教師からもポコちゃんの呼び名で愛されていた。

そんなポコちゃんだったが勉強は苦手だった。これといった得意科目もなく補習授業の常連であった。

いつも土曜日の午前の授業（週休二日になる前）が終わると、教室では補習授業が行われる。

「靖子ぉ、大変、どうしよう」

その日、部活が終わり帰り支度をしている靖子さんのもとへ、同級生の真弓が涙目になって駆け寄ってきた。真弓も補習授業を受けている生徒のひとりだった。

「早く！　一緒にとにかく来て！」

追い立てられて、靖子さんは三階にある教室へと全速力で走った。

真弓より先に到着し教室の扉を開けたが、教室には誰もいない。遅れて到着した真弓も教室の中を見渡すと「あれ？」と間の抜けた声を出す。

「いったい何があったのよ」

靖子さんは真弓に向かってそう言うと、真弓が「実はさっき――」と話し始めた。

その日補修授業を受けたのは、真弓、ポコちゃん、そして明美の三人だった。

授業が終わりそれぞれ帰り支度をしていると、明美が『こっくりさん』をやろうと言い出したのだという。

明美というのは素行が悪く意地悪な女だったので、真弓は無視して帰ろうとしていた。しかし気のいいポコちゃんが『こっくりさん』に付き合おうと言い出し、なんとなく帰りづらくなった真弓も一緒に残ることにした。

はじめのうちは、誰が誰を好きとか嫌いとか他愛のないことを聞いていたのだが、

「ポコってさぁ、なんでいつも笑ってんの？　むかつくんだよね」

明美が突然ポコちゃんに対して、言いがかりのようなことを言い出した。

「私が笑うとイヤ？　ごめんね、明美ちゃん」

優しいポコちゃんが上目遣いで申し訳なさそうに言うと、

「そういうのがむかつくんだよ。あっ、そうだ。こっくりさんこっくりさん、ポコの顔を変えちゃってください。できるなら〝はい〟できねえなら〝いいえ〟でよろしく」

そう乱暴に言い放つと、勝手に一〇円玉を「はい」の方に誘導した。

「よしなよ、今のインチキじゃん」真弓が叱ると、

「〝はい〟だってよ。ポコの顔がどう変わるか楽しみじゃね？」

下品な口調でそう言うとゲラゲラ笑い出した。

「酷《ひど》いよ、明美ちゃん」ポコちゃんはその場で泣き崩れた。

真弓が「気にしないようがいいよ」と慰めてもなぜか泣き止まない。しばらく頑《かたく》なに、石のようにその場で動かず泣き続けていた。

「ポコ、おめえ、いいかげんにしろよ！」

業を煮やした明美が立ち上がって、しゃがんで泣いているポコちゃんの頭を叩くと、

「誰がポコだ！　私は渡辺慶子だ！」

今まで聞いたことのないような憤怒の声を上げて、ポコちゃんが急に立ち上がった。そして、気圧されている明美に顔を近づけ、もの凄い形相で睨みつけた。と思った瞬間、なにか憑きモノが抜けたかのようにその場に崩れ落ち、泡を噴いて卒倒してしまった。

我に返った明美は、

「し、しらねえからな」

そう言って、その場から逃げ出してしまった。残された真弓は慌てて助けを求めて、靖子さんのもとにやって来たのだった。

「ポコちゃん、ポコ〜」

声をかけながら三階の教室、トイレを二人で探したが、ポコちゃんの姿はどこにも見当たらない。ポコちゃんのカバンは教室に置いたままだったので、帰宅したとも思えなかった。

職員室に行き、担任に事情を話して一緒に探したが、校内にはすでに誰もいない。

「どうしよう」二人は目を見合わせ心配したが、

「先生が渡辺の自宅に連絡しておくから大丈夫。二人は帰りなさい」

と促され、帰路に着くことにした。

心配が拭《ぬぐ》えない靖子さんはポコちゃんの自宅に電話してみた。母親が出たのだが、

「慶子は帰ってきてるんだけど、部屋に閉じこもって出てこないの。さっき先生からも電話があって話を聞いたんだけど。心配してくれてありがとうね」

帰っているならひとまずよかったと思った靖子さんは電話を切った。

週が明けた月曜日、登校すると靖子さんは目を疑った。

あの優しくていつもニコニコしていたポコちゃんが、眉間《みけん》に皺《しわ》を寄せ阿修羅《あしゅら》のような顔になっていたからだ。

皆、遠目でコソコソ言いながらポコちゃんを眺めている。

「ポコちゃん、土曜日大丈夫だった?」

靖子さんが歩み寄ると、

「誰がポコちゃんだ。私は慶子、渡辺慶子なんだよ」

そう叫ぶとプイっと横を向き、話しかけても答えてくれなくなった。

ポコちゃんの様子は日が過ぎても変わらない。靖子さんはじめクラス中の生徒たちはポコちゃんと距離を置くようになった。あれだけ絡んでいた明美もポコちゃんの前を通るのに怯えるようになった。

そしてポコちゃんが変わったのはそれだけではなかった。

補習の常連だったとは思えないほど成績優秀になり、学年でトップになったかと思うと、卒業するまでその座を誰にも譲らなかった。

誰も寄せ付けず孤高の人になったポコちゃんは、常にブツブツと独り言を言う変人へと変貌し、県下で最もレベルの高い高校へと進学した。

その後はまったく疎遠になり、情報も入ってくることもなかった。


靖子さんが大学を卒業して社会人になり三年目の頃、中学の同窓会をやろうという話が誰からともなく持ち上がり、靖子さんは幹事のひとりに名を連ねた。

名簿を片手に級友の現在の連絡先を確認していく。携帯電話のなかった時代なので家の固定電話にお知らせの連絡をしていく。

アイウエオ順で進めていくと、最後の方で「渡辺慶子」の文字が飛び込んできた。

(あ、ポコちゃん……)

電話をすることに若干の躊躇はあったが、かけてみた。

「もしもし、渡辺です」

艶《つや》と覇気《はき》のない声だったが、以前に聞いたことのあるポコちゃんの母親の声だった。

「もしもし、中学時代に同窓だった木内靖子です。慶子さんはいらっしゃ……」

話し終える前に「慶子なんて家にはいません！」と乱暴に電話を切られてしまった。念のためもう一度同じ番号にかけてみたが、コール音が止むことはなかったので諦めて受話器を置いた。

同じく幹事を担当していた真弓にその話をすると、

「靖子ちゃん、ごめん。言ってなかったよね。ポコちゃん、X県の医大に通ってたんだけど、その大学の付属の幼稚園の園児の指を噛み切って逮捕されたんだよね。精神疾患ということで今は入院しているみたい。靖子ちゃんは東京の大学に行ってて地元にいなかったから言ってなかった。本当にごめんね」

大変申し訳なさそうに詫びを入れられた。

（そうだったのか）

あの一件以来、距離を置いていたが、それまでの優しく笑顔が魅力的だったポコちゃんを思い浮かべると、なんともスッキリしない気持ちでいっぱいになった。

そして同窓会当日、クラスの八割くらいが出席して大いに盛り上がったところで、

「ポコ、来てねえじゃん、そっか来れねえよな。精神病院だもんな」

下品な女の声が響いた。声の主は安物の派手なジャージを着て髪を金色に染めた明美だった。

(元はと言えば、あんたのせいじゃない、ポコちゃんがああなったのは！)

靖子さんは怒りに震えたのだという。


「誰かにこの話したかったんです。聞いて頂きまして、ありがとうございました」

丁寧に頭を下げる靖子さんに、

「ポコちゃんのその後も気になりますが、明美のその後も気になりますね」

と言ってみた。元凶である明美の方が、なにか病んでいるにおいがするように思えたのだ。

「え、明美なんてどうでも良くないですか？　どうせなら明美のガキの指を噛み切れば良かったのに」

そう言って、靖子さんは席を後にした。

結局、私の背筋に一番冷たいものが走ったのは、靖子さんのその言葉だった。

徘徊するよ何時までも

田宮さんの友人に木原という男がいた。

木原というのは無類の女好きで、いろんな街のキャバクラやクラブにお気に入りの女の子がいて、しつこく尻を追いかけては肘鉄を食らう。毎夜そんな生活をしていたが、めげずに宵街を楽しみ、散財するやつだった。

「昨日クラブRで木原さん見ましたよ。いつも通りニコニコで、女の子に抱きついてました」

田宮さんが行きつけのバーで飲んでいると、常連の坂谷に言われた。

「え、おかしいな。昨日はあいつ、俺とラウンジWにいたよ、何時くらいの話?」

田宮さんが首を傾げると、

「夜の二三時くらいですかね」

坂谷が返してきた。

「やっぱりおかしいよ、その時間だったらやっぱり俺とラウンジWで飲んでたもん」

田宮さんの言葉に坂谷は、

「あれは確かに木原さんだと思うんだけどな、見間違いかな」

なにか腑に落ちなかったが、その日はそこで話が終わった。

数日後。

「木原さんってK県のクラブにも出没するんですね。昨日、俺の連れが一緒になったって言ってました」

これまた違う常連の喜多が言ってきた。

その日も田宮さんはラウンジWに一緒にいたので、そのことを伝えると、確かにK県のクラブにいたのは木原だと言い切る。

そうこうしているうちに、木原がバーにひょっこり顔を出した。

「木原、ここのところおまえの話で持ち切りだぞ。あちこちの店で見かけるってさ」

田宮さんの言葉に木原がきょとんとし、詳細を聞くと豪快に笑った。

「俺、生き霊でも飛ばしちゃってるのかな。女好きも極めれば自由自在、同時にあちこちのオネエちゃんのところに行けるのよ。どうよ?」

一同は爆笑し、その夜もあちこちのクラブをハシゴして飲み歩いた。

翌日、木原はあっけなく死んだ。

明け方にみんなと解散したあと、別の店に行き、そのまま独りで明るくなるまで飲んでいたらしい。

「もう帰るわ」と店を出た後、タクシーを停めようとしたのかいきなり大通りに飛び出して、また運が悪くよそ見をしていたトラックに跳ねられて即死だったそうだ。

飲み仲間が集って通夜と葬式に列席したが、派手な遊びっぷりのわりに寂しいものだったという。

田宮さんは木原の献杯をしようと提案し、その夜に集合をかけ、木原のお気に入りだった店を巡ることにした。

「木原が死んだんだよ」

と伝えると、それぞれの店の女の子たちはやはりショックを受けたようだったが、話をするうちに、木原の生き霊が田宮さんたちが把握している以上に各店舗に出没していたことがわかった。

「木原の飲みのスケジュールを把握しているわけじゃないけど、明らかにその日はないという時でも、来てたっていうからね」

もちろん女の子たちには「それ生き霊だったかも」なんて言えないけどさ。

田宮さんはそう言う。

「もしかして木原さんは自分がもうすぐ死ぬというのをわかっていて、生き霊まで飛ばして遊んでいたんですかね」

喜多はそう言っていたが、田宮さんは違うんじゃないかなと思っている。

というのも——。

木原が死んでから数週間が経った後、また木原の目撃情報が田宮さんの耳に入るようになったからだ。

「あいつは本当に女と飲むのが好きなんですよ」

田宮さんはそういう話を聞いても詮索せずに、そのまま聞き流している。

それが木原に対する友情の証だと思っているとのことだ。

宝物

川室さんは幼少期に不思議な体験をしている。

「ひとりっ子だったし友達もいなかったので、ひとり遊びばかりしていたんです」

そのひとり遊びで一番好きだったのが「壁当て」。だった。

近所の家の裏に小さな駐車場があり、そこの壁にボールをぶつけてそれを捕球する、ようするに壁とのキャッチボールだった。両親が共働きで帰宅はいつも夕食時だったので、ほぼ毎日、陽が暮れるまで壁当てに熱中していた。

そして、その壁当てに使っていたボールは亡くなったお祖父さんに買ってもらったもので、とても大切にしていた宝物だった。

学校から帰ってきて、いつものようにいつもの場所で壁当てをしていた時のこと。

「ピッチャー、投げました！」

自らをピッチャーに見立てて実況付きでボールを投じると、勢い余って壁を大きく越えて家まで飛び込んでしまった。

川室さんは急いでその家のベルを鳴らしに行ったが、応答がない。

その家は今で言う「ゴミ屋敷」のような家で、人が住んでいるのかどうかもよくわからなかった。何度鳴らしても、まったく反応なし。

悪いこととは思ったが、大切なボールを取り戻したいので、裏から壁をよじ登って庭に侵入してみた。

鬱蒼《うっそう》と生い茂る雑草にカラカラに乾いて今にも朽ちてしまいそうな木々たち、打ち捨てられた電化製品などが積まれているのだが、人の気配がまったくない。

(妖怪漫画に出てきそうで怖いな)

恐る恐るボールが落下したであろう場所まで辿り着いた。背丈まであろうかという雑草をかき分けて探すが、ボールらしきものは一向に見つからない。

ヌメヌメとした長い紐が滑らかに動くのが目に入った。蛇だった。

「ヒッ」

たじろいで草木を揺らすと蛇もこちらに気がついたのか、首をヒュッと持ち上げて、こちらをじっと見ている。

数秒見つめ合うと、蛇は人間がお辞儀をするように頭を垂れると、舌をチョロチョロ出し入れしながら、茂みへと消えていった。

ホッとして空を見上げると雲行きが怪しい。ポツリと額に冷たいものを感じるや大雨が降ってきた。

川室さんはボールを探すのを止め、急いで壁によじ登り庭から脱出した。

大切なボールを失くしてしまったこと、雨でびしょびしょになったこと、それらがあいまって涙がポロポロと溢れてきた。

帰宅してタオルで頭を拭き、着替えても涙が止まることはなかった。

「ただいまぁ。いるの？　雨は大丈夫だった？」

玄関からお母さんの声が聞こえた。一目散に向かい、胸元に顔を埋めて涙の理由を伝えた。

「大丈夫よ。きっと、見つかるから」

その言葉に安堵したのか、スッと眠るように意識がなくなった。

「ただいまぁ。いるの？　雨は大丈夫だった？」

玄関から再び、お母さんの声がする。

気づくとすっかり夜になっていた。川室さんは玄関に行くと、

「お母さん、あれ、どうしたの？　さっき帰って来てたでしょ？」

きょとんとした表情で言った。母親は、

「今帰って来たばかりよ。寝ぼけてるの？　ご飯の支度するから少し待っててね」

そう言うと、足早に台所に向かった。

（寝ぼけてたのかな？）

ご飯に呼ばれるまで漫画で読んでいようかと、自室に戻って電気をつけた。

ベッドの上になにかが置いてある。

失くしたボールだ。

飛びついて手に取ると、その下には一枚の紙に小さな子供が頑張って書いたような、

のたくった文字がある。

「たからものだから」

さらに、蛇の白い抜け殻が添えてあった。ドキッとはしたが、怖いとは思わなかった。

社会人になり家庭を持った今でも、そのボールと手紙、そして蛇の抜け殻は大切に持っているそうだ。そして息子さんとキャッチボールをするのが休日の楽しみになっていると、川室さんは照れくさそうに笑った。

左に気をつけて

崎山さんは野球の特待生で高校に進学するほどの実力を持っていた。強肩強打でならし、順調に行けばドラフトにかかる可能性もあったそうだ。

三年生最後の夏、高校野球の地方予選で順調に勝ち進み準々決勝を向かえる前日、練習もほどほどにして翌日に備えて床に就いたのだが、暑さと興奮からかなかなか寝付けなかった。

何度か寝返りを打ってようやくウトウトしてきたら、急に部屋が寒くなったと感じた。背中に強い冷気を感じブルッと震えると、左手をいきなり掴まれた。

ビックリして目をやると、真っ白い女の手だ。野球で鍛えた崎山さんでも振り解けないほどの強い力で上腕部をしっかりと握られている。さらに真上を見るともう一本手が見える。指先をそろえて伸ばし天井に向けている、まるで拝んでいるようだ。

真っ白に浮かび上がる上腕部を掴む手と掌は見えるのだが、その持ち主というか胴体や顔が一切見えない。闇に溶け込んでいるかのようだ。

「ふーっふーっふー……」

吐息のような音が聞こえてきた。身体が動かないので目で探すが、どこから聞こえてくるのかまったくわからない。

「左手……左手……」

そう聞こえると、掴む手と拝む手はスッと消えた。

解放されたものの気持ちが悪くなった崎山さんは、洗面所に駆け込んで掴まれていた左上腕部を石鹸で念入りに洗った。

結局あまり眠れないまま朝を迎え、試合へと向かった。

「左手」という言葉が気になったので、出来るだけ左手に気を使いながら練習をして、試合に臨んだ。

その日は調子も良く単打にタイムリー二塁打と絶好調、幸いインコースを突かれたりデッドボールを食らうこともなかった。

しかし守備の時にアクシデントは起こった。四対三でリードしていた七回裏、二アウト二塁三塁で、相手に一打出れば逆転されてしまう場面になった。

ライトを守っていた崎山さんは二塁ランナーを帰すまいと、浅めの守備位置を取っていた。すると「カキーン」とバッターが打ったボールがライト後方に飛んできた。

足に自信のある崎山さんは全力で白球を追いかける。

ドンッ！　ゴリッ！

全力で追いかけた勢いで、崎山さんはフェンスに激突してしまった。妙な音が左手首からした。勢いと全圧力が左手首にかかってしまったのだ。

激痛で悶絶する崎山さんの隣りにいたセンターの選手が内野にボールを返したが、時すでに遅しで、二塁ランナーもホームインして逆転を許してしまった。

その後ベンチから人が集まり、崎山さんは担架に乗せられ救急病院に搬送された。

「左手首粉砕骨折」全治六か月との診断をされた。

チームは敗れ、崎山さんの夏も終わった。さらにその怪我が原因でドラフトどころか大学野球や社会人野球のセレクションにも参加出来なかった。

彼の野球人生はそこで終わってしまったのだ。

「今でも思うんです。あの夜にあの言葉を聞かなければよかったのかなと。そのままプロに行けたんですかね。それとも違うタイミングでもっと酷い怪我をしていたんですかね。幸い左手首だったので、支障なく普通の生活を送れていることに感謝するしかないんですかね」

左手首をさすって「まっ、いっか」と豪快に笑い、大ジョッキのビールを美味《うま》そうに飲み干した。

不倫コート

石川さんが社会人一年目の時の話である。

半年も経ち、仕事にもだいぶ慣れてきた頃、石川さんは数名の同期と仕事終わりに飲みに行った。金曜日というのもあって楽しく深酒をし、終電を逃してしまった。

店を変えて飲みに行く者、ファミレスで時間を潰す者、サウナに行く者、漫喫で始発を待つ者、それぞれが次の行き先を決めて解散となった。

石川さんが飲みに行く組に合流しようとすると、

「石川くん、二人にならない？」

ほろ酔いの理香子から誘われた。この同期の理香子は、同期でもいや社内でも評判の美人だったが、その媚《こ》びを売るような仕草や言動が災いして、女性社員からは嫌われていた。

しかし理香子に仄《ほの》かな想いを寄せていた石川さんに、断るという選択肢はなかった。

行きつけだというバーに連れて行かれ一杯飲むと、そっと「自分の部屋に来ないか」と手を握られた。

(うまくいき過ぎだな、大丈夫か？　夢か？)

そう思ったが、やはりここでも欲望に勝てずに、連れだってタクシーで理香子のマンションへと向かった。五階にある部屋に入った途端、抱きついて来た理香子とそのままベッドにもつれ込んだ。

明け方、ふと目が覚めた。隣りでは理香子が軽い寝息を立てている。

薄明りの中、部屋の中を改めて見廻してみる。女性にしてはスッキリと片付けられた部屋だ。ベッドの横に、カーキ色のトレンチコートが掛かっている。どう見ても男物だ。

やっぱり他に男がいるだろうな、と少し落胆した。

「それ、安田さんの。しまっておけばよかったね」

隣りでいつの間にか目を覚ました理香子が、声を上げた。なんてことのない、さっぱりとした口調だが、「安田さん」とは石川さんの直属の上司である上に妻帯者である。

二人は不倫関係にあるようだ。

「まずいでしょ、それ。俺、帰った方がいいでしょ」

焦った石川さんは、ベッドから出ると床に散らばったままの服を慌てて集め出した。

「大丈夫だよ、週末は来ないから。ゆっくりしていきなよ」

理香子は同期とは思えないほどの落ち着きぶりで、起き上がってタバコを吹かし出す。

「いや、もう帰るわ」

さっさと身支度を整えて、石川さんが玄関で靴を履こうとしたその時。

ドンドンドンドンドン！

玄関ドアが外から誰かにノックされた。こんな明け方にいったい誰が。

「ちょっと！　安田さんじゃないの？」

靴を持って室内に戻った石川さんが小声で理香子に言うと、キャミソール姿の彼女が体を強張《こわば》らせて首を振っている。

「そんなはずないよ。だいたいこんな時間に来るわけがないし……」

二人はしばし固まったまま様子を見ていた。

ドンドンドンドンドン！　ガチャガチャッガチャ！

ドアノブがグルグルと動かされている。

ドンッ！　ドンッ！　ドン！

ドアを蹴りあげている。いくらなんでもやり過ぎだし、早朝から近所迷惑だ。誰かに通報されても困る。

ふと静かになった。と今度は、ベッドの横の壁に掛けてあったトレンチコートがグワングワンと前後左右に揺れている。

「いったい何が起きてる？」

ドンッ！

ベランダの扉の外から何かが落下して落ちたような音がしたと思ったら、しんと再び静寂が戻った。

「な、なんなんだよ、おまえ見てきてよぉ。お願い」

石川さんが懇願すると、理香子は火のついたタバコを手にしたまま、まずはベランダの外へ、そのあと玄関に行ってドアを開けて外を覗いた。

「なにもないよぉ。なんだったんだろうねぇ」

暢気《のんき》な声が返ってきた。

「とにかく、俺は帰るね。また月曜日にね、じゃあ」

石川さんはそう言うと足早に理香子の部屋を後にした。マンションを振り返ると、キャミソール姿の理香子が手を振っていた。


明けて月曜日、出社すると社内がザワザワしている。

「なにかあったの？」

同期に聞くと、

「安田さんが亡くなったんだよ、金曜の夜中に自殺したらしい」

「えっ、マジかよ？」

「不倫がバレて、奥さんに詰められて自宅から飛び降りたんだって」

動揺を抑えようとトイレに行き、出て来たところを理香子に声を掛けられた。

「あの日、ドアを叩いたのって安田さんの幽霊だったのかな？　私たちが一緒にいた時にはもう死んじゃってたみたいだもんね」

いたって普通の口調である。

「あのコート、どうしようかな？　捨てちゃっていいよね？」

同意を求めてきた理香子を振り切ってデスクに戻ると、仕事を始めた。

その半年後、理香子は合コンで出会ったエリートの金持ちと結婚し、現在では三人の母親になったという噂を聞いた。

「あの時、安田さんの幽霊らしきものは、理香子に会いに来たのか、俺との浮気を怒りに来たのか、どっちだと思います？」

「怒りでやって来たんだと思います。理香子さんではなく石川さんを今でも怨んでいると思いますよ」

と、脅かしておいた。

石川さんが情報提供してくれることはもうないだろう。

出なさい

田所さんにはいまだに忘れられないという経験がある。

実家を出て約十年ほど経った頃のこと。

親との連絡ややり取りも月に一度、あるかないかになっていた。「連絡がないのはなにもなく平穏に暮らしている証拠」とばかり、親も息子に対してさほど心配もしてないようであった。

田所さんはひとり暮らしを始めた時以来、同じ部屋に住み続けていた。

収入もそこそこになったし、今よりもう少し広いところに移りたい。

そう思いたち、引っ越し先を探していると、条件がぴったりとはまる物件に巡り会った。内見をしたが申し分のない素晴らしい部屋だった。早速契約を済ませると、あとは今の部屋の荷物を荷造りし、引っ越し業者がトラックに運び込み、いよいよ新居に荷物が届くことになった。

ひと足先に新居へと入り、トラックが到着するのを待っていた。

その時だった。携帯電話が鳴り、見ると実家の番号だった。

『もしもし、やめなさい。そこに住んではだめ！』

通話ボタンを押して耳に当てた途端、切迫したような強い口調で母親の声が流れた。

「えっなんの話？」

『あなたが住む家よ。そこは良くないから他にしなさい』

「なんで知ってるの、俺、話したっけ？」

親には引っ越しのことを話していなかったはずなので、遮《さえぎ》るようにそう言うと、

『なんかわからないけど、直感がしたの。いいわね、よしなさいよ』

そう言うと母親は一方的に電話を切った。

あ然とした田所さんだが、我に返ると「無理だよ」とひとりごちた。まさか引っ越し当日に、母親の直感で解約など出来ない。

トラックも到着し、あっという間に荷物はすべて部屋に入れられた。引っ越し業者が帰った後、田所さんは心のどこかに母の言葉を留めつつ、荷物を紐解き片付けをは

じめた。そこにまたも携帯が鳴る。

（またかよ）

少々苛ついて画面を見ると、知らない番号が掲示されていた。引っ越し業者がなにか忘れたかと思い、通話ボタンを押すと、

『窓はすべて開けて――。大きな窓以外のすべての窓に塩を二盛り置きなさい』

聞いたことのない老婆の声だった。

「はあ？」と答えたが、すぐに電話は切れた。

携帯を手に、先ほどの母親の電話と今の電話のことをしばし考えて、馬鹿馬鹿しいと思いながらも実行してみることにした。

どの箱に塩が入っているかわからなかったので、近くのスーパーまで急いで買いに行った。途中で紙皿もいるなと思ってそれも追加した。

急いで戻って来ると、紙皿に粗塩を大盛りで二山を置いたものを窓の数だけ――三皿作った。それを全開にした台所と居間とトイレの窓際に置いた。

「大きな窓ってベランダのことだよなあ」

寝室にしようと思っていた部屋のベランダを全開にした。

ヒューーーーーーーーーーーーー

突如、部屋中に白い靄のような塊《かたまり》が湧きあがったように見えた。それが各部屋からベランダに向けて流れてくると、あとは一気に突風のように外へと出て行ったのだった。

呆気に取られている田所さんの髪の毛がなびくほどの風だった。

家の中がしんと落ち着いたようになったので、田所さんは携帯にかかってきた番号にコールバックした。しかし呼び出し音が鳴るだけでいっこうに出る気配がない。

電話を切り、実家にかけると母親が出た。

「さっき、知らないばあさんから電話があったんだけど、母さんの知り合い？」

そう聞くと、全然知らないという。さらに事情を細かに説明すると、

『それなら住んでも良いんじゃない。でも気をつけなさいよ。あと住所教えて、野菜とお米を送るから』

いつもの穏やかな口調の母親はそう言うと電話を切った。

田所さんは現在でもその部屋に住んでいるが、なにも変わったことは起こっていない。

しかしあの老婆はいったい誰だったのか？　是非お礼を伝えたいと思っているそうだ。

ちなみに田所さんのお母さんがあんなことを言ってきたのは、後にも先にもあの一回きりだそうだ。

病院の名物

看護師をしている麻衣子さんが新しく勤めることになった病院には、片岡さんというちょっと変わった先輩がいた。

「変わっているという言い方も変で、ごく普通の人なんですけど——みんな、片岡さんのことを恐れていましたね」

当時、麻衣子さんは総合病院の外科の入院病棟に勤務していた。夜勤における業務体制は三人一組で、夜中にひとりが順番に二時間ずつ仮眠をとるというものだった。

ある日、麻衣子さんは片岡さんと、もうひとりの先輩である安野さんの三人で夜勤に入ることになった。

仮眠の順番は安野さん、麻衣子さん、片岡さんだった。

その夜は急変の患者も特になく、比較的静かな夜だった。安野さんが仮眠室から出てきて、麻衣子さんの番になった。少しの時間でも「睡眠をとる」というのは、業務として必要なことなのである。暗くした仮眠室のベッドに、着替えずそのまま横になる。すっと眠りに入った——。

パシッパシッ、パシッパシッ

頬を軽く叩かれる感触がする。なに？　と思いながら寝返りを打とうとする。

バシッ、バシッ、バシーンッ！

最後に強く頬を叩かれてビックリして飛び起きると、目の前に片岡さんの顔があった。

「あっ、すみません　もう戻る時間ですか？」

寝過ぎたと思った麻衣子さんは、立っている片岡さんの横を抜けてナースステーションに戻った。

「申し訳ありません。寝過ぎてしまいましたよね、交替します」

ナースステーションでデスクワークをしている安野さんに頭を下げた。

「えっ、何言ってるのあなた、仮眠してから三〇分しか経ってないわよ」

安野さんがびっくりしたような顔をして言う。

横のデスクで作業している片岡さんも「早く戻って眠りなさい」と声をかける。それを見て麻衣子さんは「えっ！」と固まった。

再び仮眠室に戻ったが麻衣子さんは、なかなか寝付けない。時計を見ると確かに三〇分しか経っていない。なにより、さきほど自分を起こした片岡さんはいったい？片岡さんを置いて、仮眠室からすぐナースステーションに入った。片岡さんが自分より先にナースステーションにいることなど、不可能なのだ。

頬を叩かれた感触も覚えている。目の前に現れた片岡さんの顔もしっかり見えていた。

（なんだったんだろう？）

結局、睡眠がとれないまま仮眠時間を終え、今度こそ本当に片岡さんと交替した。

しばらくしたある日、仕事を終えて帰り支度をしている麻衣子さんの元に、後輩がやってきて訴えることがあった。

「昨日、仮眠室で寝ていたら、片岡さんに頬を叩かれて起こされたんです。でも、支度をしていたら片岡さんが消えていたんです。なんか気味が悪くて」

「えっ、あなたも」

麻衣子さんが絶句していると、二人の間に一番古株の先輩が入ってきて言う。

「二人とも経験したんだ。それね、この病棟の名物なのよ。片岡さんは自分で気づいていないみたいなんだけど、生き霊かなんかを飛ばしているみたい。でも本当に迷惑なのよね」


それからも片岡さんと夜勤の時が何度かあったが、特になにか起きることもなかった。しかし忘れていた頃、片岡さんとの夜勤の時に仮眠室で同じことが起きた。

(片岡さんと夜勤が一緒になる機会がある限り、こんなことが起こるのか)

よく考えた上、次の夜勤で片岡さんと一緒になる前に麻衣子さんは転所願いを出し、系列の他県の病院へと移ることにしたのだという。

なお、片岡さんは今でもその病院に勤務し、その実直な勤務が実を結び婦長に昇進しているらしい。

エレベーターにて

マンションのエレベーターで、住人と乗り合わせるという場面は多々ある。上りエレベーターで一階から乗り合わせる場合、下りエレベーターで各階に止まり乗り込んで来る場合である。

しかし上りエレベーターで、途中階から配達人や管理人以外の人が乗り込んで来るということは滅多にないのではないか。私も二〇年近く色々な地域のマンションで生活しているが、そういった経験は一度もない。

山口さんは十数年前、一二階建てマンションの八階に住んでいた。

その日の帰宅時間は二四時。残業の疲れもあって俯きながらマンションのエレベーターの上りボタンを押した。上階に止まっていたエレベーターは数秒で一階に到着し、扉が開いて乗り込んだ。

八階のボタンを押すと、あとはエレベーターの上昇を示す電光掲示版をボーッと眺めていた。四階で止まったので（えっ？）と思った。

真夜中だったし、一階から乗ったのは自分だけなので直行だろうと思っていた。意表を突かれた山口さんだったが、四階の扉が開くと同時に更に眼を見張った。

そこにはショッキングピンクのワンピースを着た女がいた。

その派手な服装に不釣り合いな脂気のまったくないパサパサの髪の毛、そして眼球が今にも飛び出しそうなほど目を剝いている。

女は会釈もせず、ブツブツ独り言を言いながら、エレベーターに乗り込んでくる。と、その瞬間に腐った卵のような悪臭が漂ってきた。

「上に行きますよ？　何階ですか？」

女は答えない。

（嫌だなあ、八階で一緒に降りることになったら。どこの部屋に行くんだろう）

八階に到着した。女は降りない。

降りないどころか、女が邪魔で山口さん自身が出られない。

「すみません、降ります」

後ろから声をかけると、女はスーッとスローモーションのようにこちらを向いた。

だがそのゆっくりとした動作とは裏腹に、キッと見開いたギョロ目がすばやくこちらを凝視する。すり抜けるように山口さんがエレベーターを出た瞬間、
ドンッ
背中に鈍い痛みを感じ、そのまま前のめりに倒れてしまった。その姿勢のまま後ろを振り向くと、扉が閉まるところだった。

エレベーターの中では、女が大笑いしながら跳ね飛んではしゃいでいる。

あ然として見送ると、上に上がっていったエレベーターは一一階で停まった。

頭に来たので一一階に上がってやろうと思ったのだが、冷静さを取り戻し、上着についてしまった女の足形の泥汚れを手で払うと自室に戻った。

腹立たしさと気味悪さで、なかなか寝付けないでいたらインターフォンが鳴った。

自室の入口ではなくマンションのエントランスである。画面には先ほどの女が映し出されていて、カメラに向かってジェスチャー交えてなにかを話している。

「#＄&％PQ＄∧&％P！　――入れとくからよろしくねぇ」

そして軽快にスキップを踏みながら、画面から消えていった。

なんでウチの部屋がわかったんだ？　なにを入れたんだ？　どこに？

恐怖のあまり眠りにつけずまま、翌朝、恐る恐るエレベーターで降りるとエントランスを抜けて会社へと向かった。

昼休憩時。会社の近所の定食屋で注文したものを待っている間、テレビのニュースをボンヤリ見ていて目を疑った。

なにやら喚きながら警察に連行される昨晩の女の姿だ。見間違いかとも思ったが、記憶に鮮明に残るショッキングピンクのワンピースとパサパサの髪、そしてなにより脳裏から離れないあの印象的なギョロ目はあの女に違いない。

容疑は「幼児虐待及び傷害致死」とのことだった。

自分のマンションかと思ったら、現場は全然違うところだった。

出された定食も喉を通らずほぼ残し帰社したが、その日は仕事にならなかったので、早退を申し出て帰宅した。

マンションに着いて集合ポストに近づくと「異臭がします、直ちにポストの中身を出してください」という貼り紙がされていた。

女が言っていた「入れとくからよろしくねぇ」の声が甦った。

嫌々ながら意を決してポストを開くと、確かに異様な臭いがする。鼻呼吸をせずに中に手を入れると、大きめの封筒の他、ビニールの保存袋が出てきた。

封筒の中には、もの凄いアンモニア臭のする大量の黄ばんだ御札があった。

ビニール袋の中には白濁した小さな塊《かたまり》が底の方に十数個入っていた。

目を凝らしよく見てみると、それは根元から剝がされた子供の爪だった。

山口さんはゴミ集積所にそれらを投げ捨てると、脱兎《だっと》の如《ごと》く部屋に戻り血が滲むまで手を擦り洗いをした。

「あんな狂った女の言葉の意味なんて考える必要はないんですけど、なにが〝よろしくねぇ〟だったんですかね？」

苦笑いをする山口さんの脳裏には、未だにあの女の姿が過ることがあるそうだ。

特殊バイト

「今みたいに引きこもりや家庭内暴力が社会問題として捉えられる前って、結構手荒く部屋から引っ張り出して、施設とか警察に突き出してたんですよ。俺はその引っ張り出すバイトをしていました。危険も伴うので金は良かったですよ」

現在は建設業で財を成した藤堂さんにも過酷なバイト経験があったようだ。

「ほら、危険の証」

ニッと笑いシャツを捲ると、屈強な上腕部には縦に入った大きな切り傷が残っていた。

「藤堂さん、それ暴走族の抗争とかでついたんじゃないんですか？」

冗談半分で聞くと、

「いやいや違いますよ。これ、引きこもりがナイフで襲ってきた時にシュッといかれたんですよ、まあその後ボコボコにしましたけどね。ボコボコにしたお咎め？　そんなのないですよ、そういう時代ですよ。だってTヨットスクールがあった時代ですよ」

そう言ってガハハと笑い、焼酎を一気に飲み干した。

（確かに、暴力に過剰反応する時代ではなかったな。俺も教師に何発も食らわされたな）などと感慨に耽っていると、

「だいたいパターンみたいなのがあるんですが、一件だけ印象に残っているというか変なことがありましたね」

その日もいつものように四人で現場に向かった。平均的な成人男性だが大暴れすると信じられないバカ力を発揮するので、両手両足の自由を奪うのに四人で対応するとその会社では決まっていたという。

依頼主は家族四人構成（父・母・長男・長女）の母親だった。「暴れては引きこもりを繰り返す長男を施設に入れたいのだが家族ではどうにも出来ない。役所に聞いたらこの会社を紹介された」というのが依頼理由だった。

依頼主の一軒家に到着し、ベルを鳴らすと、

「はーい」

実に朗《ほが》らかな声でドアを開けたのは依頼主である母親だった。

「忙しいのにすみません、暑かったでしょ？　麦茶でもいかがですか？」

おおよそ今までの依頼主とは異なる対応だった。

普通この手の依頼人は憔悴しきっていて、助けを求めるように縋って懇願するようなタイプかまったく生気のない表情で無言のまま部屋を指差し「早く終わらせて」というプレッシャーを与えてくるタイプかどちらかなのだという。

仕事に取りかからなければならなかったので、やんわりと麦茶を断ると、

「そうですか。ご苦労様です。では、二階に〝ある〟ので早く片付けて頂けますかしら」

先ほどと同じく口調は丁寧で朗らかなのだが、息子を〝ある〟と言ったその言葉の使い方に違和感を感じながら、藤堂さんたちは指示どおり二階へと上がった。

示された部屋には鍵がかかっていたが、一〇円玉で開けるとそのまま中に入る。部屋は荒れ果てていたが、その奥で意外にも大人しく座っている肥満男がいた。

「どうしたんですか？」

男がきょとんとした表情で聞いてくるので、理由を述べ同行を願い出た。

「やっぱりそうなりましたか、わかりました」

男は観念したように肩を落として同意し、五人で階段を下りていると、

「ただいまー」

明るく元気な女の子の声が玄関に響いた。長女か、と藤堂さんは思ったが、男はその声を聞いた瞬間、

「あいつが来てから、お母さんもお父さんもオカシくなったんだ。こいつは家族じゃない！」

階段下にいる女の子を指さし、先ほどまでの態度を急変して暴れ出した。念のため四人で囲んでいたのでしっかりと取り押さえて大事には至らなかったが、その様子を無表情で見ている女の子の顔が不気味だった。

男をワゴンに引きずり込み、両側を二人のバイトがそれぞれ付いて動きを制御した。

藤堂さんと現場責任者の人間は依頼主のサインを貰いに再び家に戻った。

「お疲れ様でした。これ少ないけど、みなさんで夕食でも食べてくださいね」

朗らかな母親がサインをして支払いをした後に、チップまで渡してくれた。

「〝あれ〟片付いたんだから、家族でお祝いしようよぉ、お寿司がいい！」

長女らしき女の子が母親の肩にじゃれつきながら言っていた。

最終作業も済んだ藤堂さんら二人が、玄関で靴を履いていると、

「お兄さん、ありがとうございました。〝あれ〟は処分しちゃってください」

兄を〝あれ〟呼ばわりする女の子は、膝まで額が付きそうなくらいの深いお辞儀をして、見送ってくれた。母親はその横でニコニコと微笑《ほほえ》みながら手を振っていた。

気持ち悪くなった二人は会釈をするとさっさと車に乗り込んだ。バンの後ろの席では肥満男が懇願していた。

「さっきからこうなんすよ」

横にいる二人がうんざりしたように言う。

エンジンがかかり、車は施設に向かう。後部座席から男は振り絞るような声で言い続けていた。

「父と母を助けてください」

「結局、依頼主から依頼されたことをするのが俺たちの仕事だったので、深入りは厳禁だし、なにもしなかったんですけど。なんかあいつが言ってることも信じられる気がしたんですよね」

当然ながらその後の動向は知らないそうだ。

臨時ニュース

立花さんが高校生の時に通学で利用していた電車には名物男がいた。車両真ん中の椅子にデンと座り、いつも同じメーカーの同じ味の袋入りインスタントラーメンを砕いてはボリボリと大きな音を立てて食べるのだ。

立花さんをはじめまわりの者は密かに「乾麺《かんめん》」というあだ名を付けていた。「乾麺」は年齢不詳で、いつも首がヨレヨレに伸びた薄いピンクのTシャツと安っぽいダボダボのジーンズを着ていた。背は小さくやや肥満気味で、自分で切ったのではと思うほど乱雑にカットした頭髪と、赤土色に変色し膿《うみ》が所々から噴出している鼻が特徴的だった。

そして「乾麺」は、昔テレビでやっていたランキング形式の音楽番組を完璧に真似て、様々な曲を歌手名とともに一〇位から発表し、その歌を小さな声で完璧に歌い続けるのである。そのランキングは日によっていろいろと変わった。

なので、立花さんの高校でも「今日の乾麺ベストテン一位なんだった?」と面白がって聞き合うのも日課だったそうだ。

こういったタイプの人間がいると、からかう者や苛める奴も出てきそうだが、「その車両に乗っている人たちは優しいのか、まったくそういうことをしなかったですね。見守っているというか」

こう話す立花さんを筆頭に、みなさん温かい人たちだったのだろう。

ある日の朝、いつもの通学風景の中で「乾麺」は乾麺を片手に「乾麺ベストテン」を歌っていた。立花さんはベストテン一位を確認すべく聞き耳を立てていたが、そろそろ降りる駅に近づいてきている。

急に「乾麺」が腹から絞り出すような大きな声を上げた。

「緊急ニュースが入りました。残念なお知らせがあります。この電車は間もなく人身事故を起こすでしょう」

車両にいる全員が「乾麺」に注目した。その途端、

キッ、キーーーーーー‼　ゴリゴリゴリ‼

嫌な音を立てて、電車は急停車した。

バランスを崩した女性の悲鳴や男性の「どうした？」といった声が聞こえる。

「ただいま当車両は人身事故のため、急停車しました。お急ぎのところ、申し訳ありませんが今しばらくお待ちください」

緊急アナウンスが響くとともに、車両内はざわつき不満の声が洩れだした。

そんな中「乾麺」だけが通常どおりボリボリと乾麺を頬張って「乾麺ベストテン」の発表と歌唱に勤しんでいた。

ずいぶん経ってようやく動き出した電車から降り、学校に向かいながらも立花さんは不思議に思っていた。なんで「乾麺」は事故が起こる前にあんなことを言ったのか？

卒業までの通学の間、立花さんは「乾麺」と一緒だった。その間、「乾麺」の臨時ニュースは二回あった。

また立花さんが社会人になりずいぶん経った頃、たまたまその時間にあの車両に乗ったら、「乾麺」はまったく変わらぬ姿で「乾麺ベストテン」を歌唱していたそうだ。

引っ掻き傷

あるＡＶ監督さんと飲む機会があった。

その日が初対面ということもあり、お互いに遠慮気味に話していたのだが、夜も深くなり酒が廻ってくると、私は大のＡＶ好きという事実を隠せなくなり、ＡＶ愛について滔々《とうとう》と語り出してしまった。監督はその話をケラケラと笑いながら聞いてくれていた。

そして、酔った勢いもあって、こんな質問をぶつけてみた。

「ＡＶ女優って、ソフト路線から入ってＳＭに辿り着くパターンが多いですよね。なんとなくはわかっているのですが、あれはどうしてなのでしょうか？」

監督は相変わらずニコニコと答える。

「この業界は次から次へとかわいい新人が入ってきますよね？　で、キャリアを重ねた古参の女優さんたちはより過激なものを求められる。そうなるとＳＭであったり、レイプものであったりとなるわけです。さらに結構な割合で女優さんには露出狂やMの子が多いので、SM作品に躊躇《ちゅうちょ》する子は少ないですね」

やっぱり、見立てどおりかと、自分の思考に感心していると、

「あ、ひとり、印象に残っているというか気の毒な子がいたな、興味あります?」

私が首を大きく縦に振ると、その女優の話をしてくれた。


すみれは、ある地方都市でスカウトされて業界に入ってきた。年齢は二一歳で、ぱっちりとした瞳と黒髪が魅力的な女の子だった。少しあか抜けないところもあったが、それを魅力と感じる層も結構いるので、デビュー作からそこそこの人気を得ていた。

監督が初めてすみれを撮ったのは、彼女にとって三本目のものだった。

そしてそれは、すみれにとって初めての複数プレイ作品だった。緊張した面持ちで現場入りするのかと思いきや、至極冷静な表情でやってきた。

「大丈夫? プライベートで3Pとか経験あったりするかな?」

監督が、丁寧かつ不躾《ぶしつけ》に聞いてみると、

「複数プレイはないです。でも、全然大丈夫です。人がいっぱいいると安心するというか、温もりを感じるというか。胸が躍ります」

そう言ってにっこり笑った。

(これは良いものが作れる！)

監督は心躍らせ、いざ撮影へと入った。

最初のすみれと男優の一対一の絡みが終了し、二人はそれぞれ休憩に入った。

「痛っ！　なんだこれ？」

シャワー室から男優の声が聞こえた。

出番がまだあるので心配になった監督が部屋を覗くと、男優は腹回りや背中を摩っている。

「どうしたの、大丈夫？」監督の声に振り向いた男優は、

「なんか、切り傷みたいなのがいっぱい出来てるんすよ」

そう言って、自分の身体を見るように促す。その傷がシャワーに沁みたという。

確かに、縦に小さな切り傷が身体いっぱいに広がっている。微かに血が滲んでいる

のもありヒリヒリと痛そうに見えたが、カメラがとらえるレベルの傷ではない。

今から、別の男優を呼ぶのも手間がかかるので、

「ごめんね、軟膏とかを塗って、もうひと絡みお願いできるかな?」

監督の頼みに男優は仕方なさそうに頷いた。

「お疲れ様です」

背後から声が聞こえたので振り返ると、この後の複数プレイに出演する男優が二人立っていた。

「どうしたんですか、その傷? 激し過ぎて爪でも立てられたんですか?」

彼らの冷やかしにムッとしたらしい男優を察知して、監督は、

「いや、原因不明なんだよ。シーツの端とかのせいかもしれない」

と言って、その場を取り繕った。

ベッドに小石などの異物がないか? シーツのほつれはないか? しっかりと確認し、撮影は再開された。

以降はこれといったトラブルもなく、すみれを中心に三人の男優による絡みのシー

ンの撮影は無事に終了した。

「お疲れ様でした」

帰り支度を整えたすみれが、マネージャーと一緒に先に現場を後にした。すると、

「イテテテ、うわ、なにこれ？」

シャワー室から声が上がる。様子を見に行くと、後から入った二人のうちのひとりが太ももと脛を摩っている。

見れば彼も同じような小さい切り傷だらけになっている。さらに、もうひとりの男優もシャワーを浴びた途端に悲鳴を上げた。

「イテー、なんだよもうこれ」

彼は首筋を摩っている。これまた、同じような小さい切り傷がついている。

「これ、爪での引っ掻き傷かな。こんなに小さいけど――あの女優さん、手が小さかったっけ？」

はじめに傷を負った男優が言った。もしかしたらすみれが爪を立てていたのかもしれないとの疑念が湧いたので、ＶＴＲで確認しようということになった。

しかし、三人の男優と監督、スタッフにカメラマン、皆で検証してみたがそんな様子はない。腑には落ちなかったが、その日は解散した。

そして数週間後、すみれの事務所の社長から連絡が入った。

「すみれが自殺しました。申し訳ないのですが、あの作品の販売は中止してください」

事情を詳しく聞くと、連絡も取れず現場を何日もすっぽかしたすみれに、マネージャーが怒って彼女の自宅に出向くと、玄関からもの凄い異臭がしたという。

管理人と警察立ち会いのもと立ち入ったら、すみれがドアノブに紐をかけて亡くなっていたという。

その遺体の横には、

「私は悪くない。でも呼ばれたから行かなきゃいけない」

殴り書きの遺書が無造作に置かれていたとのことだった。

遺体を引き取りに来た母親は、目を真っ赤に腫《は》らして、

「あの子はいい子だったんですけど、男にすぐ騙されてしまうんです。あの歳で三人

もの子供を堕ろしているんですよ。その子たちに呼ばれてしまったんですかね」

そう一気に言うとさらに号泣した。

どこか崩れた感じの母親とすみれが、良い関係ではなかったのを事務所の人間は知っていたので、どこか白けた雰囲気になったという。

事務所の社長にそう話を聞いた監督は、現場で男優についた引っ掻き傷に思い至った。

その子供たちだったのか？　そしてそれは、すみれを守るためにやったのか？　それとも連れて行くために？

そんな風に考えてしまう日が今でもあると、監督は言って話を終わらせた。

これからAVを見る目が変わってしまいそうだ。

視えない

これはつい最近、後輩の田村くんが経験したことである。

仕事終わりの帰り道、駅から自宅に向かって歩いていた。毎日ほぼ同じ時間に通る道なので、景色はほぼ覚えている。いつもの角を曲がり後は自宅までは直線であと三百メートルくらいだ。

（あれ？）見慣れたはずの風景に違和感を感じた。

直線コースの真ん中あたりに建っている、同級生だった芝田さんの家が無くなっている。ポコッとそこだけ急に空き地になっていた。

（今朝はあったはずなのに。建て替えるにしてもこんなすぐに更地にできるのか？）

空き地を見ながら歩いていると、

ドンッ

おでこになにかがぶつかった。人にぶつかった感触に思えたのであわてて前を向いた。

目の前には誰もいなかった。住宅街なので外灯もあり案外明るい道なので、思えば向こうから歩いてくる人が入れば目に入っているはずだ。急に恐ろしくなり早足で自宅を目指していると、

「痛い！」

聞き覚えのない女の声が耳の後ろから聞こえた。振り返ったが、声の主はどこにもいない。

「ただいま！」

逃げ込むように自宅に入ると、鍵を閉めチェーンをかけた。

母親の作った夕食を終えると、風呂に入ってベッドに横になった。読みかけの本を終えてからスマホを弄っていると、瞼《まぶた》が重くなってきたのでスタンドを消した。

「さっき、一緒に入ってきちゃった。ごめんね、おでこ大丈夫？」

女の声がした。飛び起きてスタンドをつけたが、そこには誰もいない。

気のせいか？　それにしても気味が悪い。あの声は「痛い！」と聞こえた声と同じ

だったように思える。

明日も仕事があるので寝ないわけにいかない。両親が眠ったのを確認すると、リビングのソファに横になり、電気をつけたままにして眠ることにした。


「どうしたの、あなた」

母親の声で起こされた。

「ごめん、ちょっと眠れなくて、リビングに来ちゃった」

目を擦りながら言うと、

「そんなんじゃないわよ、それどうしたの?」

びっくりした表情で下半身を指差す。

「えっ」

自分の下半身を見ると、着ていたスウェットが血塗れになっていた。

鉄のような臭いがツンと鼻腔を刺激する。どこか怪我でもしたのかと確認したが、どこにも傷口はなかった。

視てしまった

これも時田くんという後輩が、自宅への帰り道で遭遇した出来事だ。

ある真冬の深夜、凍てつく寒さが凶悪なほど厳しい夜だった。出ている耳や手袋をしていない手が痛いほどに冷たくなっている。

他に歩いている人はいない。住宅街へと入った道では車も通らない。

自宅まであと三百メートルほどのところで角を曲がると、ちょっと先の道路の真ん中になにやら赤い塊《かたまり》が落ちている。よくよく見ると、赤い塊には手足があり長い黒髪もある。女が倒れているのだ。しかも凍死しかねないノースリーブのワンピースを着ている。

繁華街でホステスが酔い潰れて倒れているのは見たことあるが、ここは住宅街だ。

なにかのトラブルかと心配になった時田くんは、肩を揺すり声をかけてみた。

「大丈夫ですか?」

倒れていた女は顔だけ時田くんに向けると、ニヤッと笑い、

「大丈夫に決まってるだろ！」

そう言うと、飛び起きて走り去って行った。それも運動部上がりの時田さんでも追いつけないいくらいの猛スピードでだ。

（今、起こったことは幻？）

呆気にとられたが、寒さが身に沁みてきているので帰宅を急いだ。

やがて冬は終わり春が過ぎ、夏になったある深夜。家に帰る途中の自宅まであと三百メートルほどのところ、角を曲がると――。
ピチョンッ
凍えるような冷たいものが背中に垂れてくるのを感じた。
ピチョンッピチョンッピチョンッ
氷水を上から背中に水滴で垂らされているような感じだ。空を見上げたが星が広がっていて、雲ひとつない夜空である。

「なんだいったい」

ひとりごちていた時田くんが、夜空から視線を外して目の前の電柱を見た時、思わず「はあああ?」と声が出た。

その電柱の上には、舌なめずりをしながら下にいる時田くんを見ている女がいた。

光るような真っ赤なノースリーブのワンピースに細い手足と長い黒髪。

あの女だった。

女はスルスルと電柱を降りてくると、時田くんの顔に自分の顔を寄せると、

「あんたは大丈夫か?」

そう言って、あの夜のように全速力で暗闇に去って行った。

その場所に十年住んでいるが、女を見たのはその二回だったそうだ。

「あれは幽霊なんですか? それともアレな人なんですか? 教えてください」

時田くんは私にそう訊くが、

「そんなのわかるわけないじゃん」と返すしかなかった。

荒波と手

海沿いに住んでいると、やってはいけないけどやってしまうことがある。私も小学生の時分、それをやってこっぴどく叱られたことがある。そのやってはいけないこととは、台風が上陸した時に海岸に荒波を見に行くことだ。私などは意気地なしだったので浜の遠方から眺めるのが精一杯だったが、地元の悪ガキたちは度胸試しと称し、テトラポッドによじ登って海水を浴びたり、防波堤の先端まで行き高波に飲まれるギリギリまで粘ったりという、大人から見ると実にくだらなく危険きわまりない遊びをしていた。

私と同じ太平洋沿岸で生まれ育った登喜男さんが九歳ぐらいの頃という経験談である。

登喜男さんは台風が上陸したある日の午前中、二歳上の兄と二人で荒波を見に海岸に出掛けた。

最初のうちは浜で眺めていたのだが、兄の提案で防波堤に行こうということになった。するとそこには先客がいた。若い女性だった。その人はずぶ濡れになりながら跪《ひざまず》き指先を海に向けている。雨風と波の音で声が聞き取れなかったので近寄ってみると、

「助けてー、誰か助けてー」

海に向かい、嗚咽《おえつ》しながら叫んでいた。

雨と涙でぐちゃぐちゃになっている女の人に「危ないよ」と二人で話しかけた。女性は傍らで「どうしたの？　どうしたの？」という小学生二人に目もくれず、海を指差し叫び続ける。

彼がサーフィンをするのに一緒に来たものの、先ほど急に波間で姿が消えてしまったのだという。

登喜男さんの兄がすぐに行動した。

「大人の人を呼んでくる、おまえはここにいろ！」

言うが早いが走り去っていく兄の姿を見ながら、嵐に荒れる海の景色の中に狂った

ように泣き叫んでいる女性と取り残された気がして、登喜男さんは心細かったという。

間もなく兄が警官と消防団と漁師を引き連れて戻ってきた。

「こんな日に海に入るなんて自殺行為だ。俺たちだって漁に出ないのに何考えてるんだ」

漁師たちは冷ややかに、呆れたようにそう言い放った。

「救助活動に移りたいが、この状態だとヘリも飛ばせない。海にも入れないな」

消防隊員がそう言った時、

「あっあれ！」

兄が海を指差した。全員で一斉に指先の方向を見る。

海面から二本の手が出ている。その手はもがき苦しんでいるようで、必死に何かを掴もうとしていた。

「溺れているぞ！」誰かが叫んだその瞬間、ものすごい大波が覆いかぶさったと思ったら、その手は波の中に消えていた。

「いやーーーーーーーーーー」

女性は絶叫し、海に向かって走り出した。それをその場にいる男たちが取り押さえ、引き摺《ず》り戻した。

「人殺し！　なんで見捨てるの？」

泣き乱れながら、押さえ込まれた腕を振り解《ほど》こうとする。男たちが、これは大変なことになったとにわかに騒々しくなった。

「君たちも危険だから、早く帰りなさい」

警官が二人に促した。兄と登喜男さんは素直にうなずき、防波堤を後にした。

「この話、お母さんには言わない方がいいかな？」

帰り道で登喜男さんが兄に言うと、

「当たり前だろ、怒られるに決まってるだろ、バカ！」

そう言って小突《こづ》かれた。


台風も去り晴天になった翌朝。登校前に朝のニュースを見ていると、画面に地元の海が映し出されていた。どうやら昨日のことを伝えているようだ。

「登喜男、お兄ちゃん遅いね。遅刻しちゃうから起こしてきて」

そういえば兄が食卓にいない。階段を上がり、兄の部屋の前で声をかけるが返事がない。不思議に思ってドアを開けると、プンと磯臭いにおいがする。

「お兄ちゃん？」

ベッドに寝たままの兄に声をかけながら近づいた。異変はすぐにわかった。

兄はベッドの上で仰向けになり、目を剝《む》いて失神していた。

「お母さん大変だよ！　お兄ちゃんが、お兄ちゃんが！」

登喜男さんの叫び声を聞いて母親が駆け上がった来た。すぐに兄の身体を揺すりながら声をかけるが反応がない。「ああ、大変！」と台所へと救急車を呼びに下りた。

その間、怖くてガクガク震えながら兄の身体を擦っていた登喜男さんだったが、その兄の身体と布団が、滴るほどに濡れそぼっていることに驚いていた。

救急車が来るまでの間、何度か大量の水を吐く兄の傍らで、母親と一緒に兄の名前を呼び続けていた。

しかし到着した救急隊員が二階に上がって来たときには、兄は意識を取り戻し「どうしたの?」と話し出していた。

念のためにと病院に運んで検査をしたが異常はない。いつものように元気な兄に、どうしてずぶぬれだったのか聞いてみても、「わかんねえよ」と笑った。

ずぶぬれのベッドの掃除をしながら、母親が「まるで海で溺れたみたいね」とポツリと言っていたのを登喜男さんが聞いていた。

その翌年のある晴れた夏の日、兄はあの海で溺死した。

それ以来、登喜男さんも両親も海には近づけないでいる。

会話だけ

「なにか怖い経験とかありますか？」

タクシーに乗った際、稀にそういった質問を運転手にすることがあるのだが、大概は「同僚から聞いたんですけど――」という話か、「乗せていたら消えていたってやつですよね」と定番話を面白そうに話してくれることが多い。

しかし、やっと当事者に巡り会うことができた。喜んだのは私だけで、その奇異な体験をした運転手の升本さんにとっては喜ばしいわけでもないだろうが、実に詳細にその時のことを語ってくれた。


深夜、遅番だった升本さんは、とある繁華街で客待ちをしていた。大きな繁華街なので終電を逃した酔客やホストやホステスが乗車するので、遅番の時はよくそこで客待ちをするのだ。

しかしその晩は珍しく客が乗ってこない。人はそこそこ歩いているのだがタクシーに乗ろうとする者がほとんどいなかった。

コンコン

暇つぶしに、週末の競馬の予想をしながらスポーツ紙とにらめっこをしていると、後部座席のドアガラスが叩かれた。急いでドアを開けると、少々酒臭い若い女が乗り込んで来た。

「〇〇橋の交差点までお願いします。近くに行ったら詳細伝えますね」

ほろ酔いくらいなのか、しっかりと行き先を伝えてくる。ここから二〇分くらいの場所である。

車を出しながら、さほど派手な格好でもないがホステスさんかな？　と思っていると、

「さっきお客様に頂いたので、よかったら召し上がります？」

後部座席から運転席に、小さな洋菓子を手のひらに乗せて差し出した。

夜の客にはこういう人も結構いる。

「ありがとうございます」

素直に礼を言い、升本さんが受け取ろうと手を出した。

「ヒッ」

ふと触れた女の手のあまりの冷たさに、思わず声を上げてしまった。

「すみません、私、重度の冷え性なんです。びっくりしますよね？」

「いえいえこちらこそ、せっかくいただいているのに」

恐縮した升本さんがバックミラー越しに女に言うと、女は照れ笑いを浮かべていた。しばらく車内は沈黙していたが、女が話をはじめた。上機嫌なのか元来の話し好きなのか、自分の身の上話だった。

今はキャバクラで働いているらしく、その理由は、服飾デザイナーを目指していて、専門学校の学費を稼いでいるのだという。一緒に働いているキャバ嬢にはいろいろな境遇の人がいるし、客もいろんな人がいて刺激的かもしれない。でも私にはあまり向いてないように思えて。デザイナーという夢も難しいし、これからどうしようかなと考えているところなのだと。

やがて車は目的地周辺に到着し、女の説明どおり細かい路地に入り、女が住んでいるであろうマンションの前に到着した。

「私の話に付き合ってくれてありがとうございました。どうしようかなって考えているんじゃなくて、本当はもう無理なんですよね」

おつりと領収書を受け取った女は、降り際に寂しそうに俯《うつむ》いたので、

「私が言うのもなんですが、諦めないで頑張って下さい」

升本さんは声をかけた。その言葉に女は微笑し、マンションの中に入って行った。

客待ちの場所に戻ってからは、先ほどまでが嘘のように忙しくなり升本さんは遅番を終えた。会社に戻ると売り上げと伝票と照らし合わせ、更衣室で帰り支度をしていた。

「升本さん、ちょっといいですか？」

事務員から声がかかった。着替えを済ませてから事務室に行くと、

「升本さん、X街から○○橋付近までお客様を乗せましたよね？」

「はい」

あの女の客だと思い出し、何かあったのかと不安げな表情をしていると、

「少しおかしいんですよ、私も何回か確認したんですけど。一緒に見て頂けますか？」

再生装置が置いてある部屋に促されて入り、事務員は車載カメラに録画された映像を再生した。

車載カメラはフロントから後部座席を映している。カメラから見て左に升本さんの肩口が映し出され、画面の中心部には後部座席に座る客の姿が映っている。

はずなのだが、後部座席には女の姿がまったく映っていない。しかし、車内で交わしていた会話は聞こえている。女が自分の身の上を話している。

スローにしても早送りにしても、女の姿はまったく映っていなかった。あの時の状況を思い出しても、女がシートの下に身をかがめていたことなどは絶対にない。

第一、降車する時まで映らずにいることなどあり得ない。

ドアが開き、「私が言うのもなんですが、諦めないで頑張って下さい」という升本さんの声の後に、

「本当にありがとう」

あの時には聞こえなかった声が入っていた。誰も降りていないタクシーの後部ドアが閉まった。

「メーターもGPSの経路も合っています。料金の合計も合っています。でもなんなんですかね、これ?」

首を傾げる事務員に、「は、はい」としか返すことしか升本さんには出来なかった。

「お客様が映っていなかったこと以外すべて合点がいくので、これはこのままにしましょうか——お疲れ様でした」

事務員は席を立ち、升本さんも帰路についた。

「こんな現象に遭遇すれば、普通は怖いと思うんだろうけれど、あの女性客のなんとも寂しげで儚《はかな》い様子を思い浮かべると、可哀想な気持ちが先に立っちゃってね。今でも、あの繁華街で客待ちをしていると思い出すことがあるよ」

そう言って升本さんはしみじみした。

「貴重な経験談、ありがとうございました」

私は感謝を伝えると、ちょうど目的地に着いたので乗車料金を支払い、降車しようとした。

「あれ、徳光さんだったの？　気がつかなくてごめんなさいね。お父さんにはよく会うよ。馬券売り場で」

升本さんはそう言って白い歯を見せて笑うと、お釣りを少しおまけしてくれた。

あの日の思ひ出

今では二児の母である梨紗子さんは、二〇代から三〇代前半まで、ある老舗有名クラブでホステスをしていた。

その時の同僚に麗華という女がいた。容姿端麗とは彼女のためにある言葉ではないかというほど綺麗で、百人いたら百人が振り返るような美人だった。おまけに美人特有の気取ったところもなく、客からも同僚からも愛される希有《けう》な存在だった。

しかし、その性格の良さが災いしてか、変な男にひっかかってしまうことが度々あったという。付き合ってはどうしようもない男に尽くし、借金を背負わされては捨てられを繰り返していた。

梨紗子さんはじめ同僚たちが注進をすると、一旦は納得するもののやはり最終的に男を信用してしまい、泣きを見ることになるのだった。

そんな、美しいのに頼りない麗華だったが、

「もうこりごりです。私、男を見る目を磨きます」

そう皆の前で高らかに宣言してからは、客と上手に付き合うプロのホステスとして一層仕事に身を入れ出した。


宣言から半年が過ぎようとしたある日、石島という客が来店した。

はじめは人に連れられてやってきたのだが、次第にひとりでも来るようになり、すっかり常連になった男である。なにかの輸入の会社を経営しているという触れ込みだったが、金遣いも大胆だが呑み方もさっぱりキレイ、ホステスにも無理強いはせず極めて紳士的、そんな様子なので店では評判がよく女の子たちに人気があった。

そんな石島さんに麗華は魅せられてしまい、すっかり虜《とりこ》になってしまった。同僚たちは彼女のダメな男性遍歴を見てきているので「石島さんならいいかも」と囁きあった。

しかし麗華には「慎重に慎重を重ねるんだよ」とアドバイスを送っていた。

麗華が石島さんに熱を上げ出してからしばらくすると、石島さんはまったく店に顔を出さなくなった。麗華に聞いても知らないという。

石島さんが来なくなったからか、麗華の容姿に変化が見られるようになった。

元々スタイルが良く、痩せても太ってもいないない丁度良い肉付きだったのに、かなり痩せてしまったのがドレスを着ているとわかる。

「まさか恋煩《こいわずら》いで食欲失くした？　それともダイエットしてるの？」

梨紗子さんが軽く訊いてみたが「まさか」と首を振る。

そのうち、以前着用していたようなきらびやかで露出のあるドレスを着なくなり、マオカラーで袖のあるチャイナドレスばかりになった。着替えもトイレの洗面スペースにこもってこっそりするようになった。

さらに梨紗子さんが気になったのが目つきである。焦点が定まっていないというか、死んだ魚のような目というか、いつもの麗華ではない。

そしてある夜の仕事終わり、麗華が私服を持ってトイレに着替えに行ったので、話がしたいと思い頃合いを見てドアを開けた。

洗面スペースで、ドレスを脱いで半裸になっている麗華が怯えた顔でこちらを見た。

しかしもっと驚いたのは梨紗子さんだった。

「どうしたの、あんた、それ！」

麗華の背中には青あざと、ところどころ瘡蓋《かさぶた》になった生傷がびっしり。両の二の腕にはリストカットと思しき傷が線を並べていた。

梨紗子さんの声にビクッと揺れた麗華だったが、

「やっと理想の人に出会えたんです。これは運命なんです」

そう言って、今までに見たことのないような歪んだ笑顔を浮かべた。

「ドンドン痩せていくし背中も傷だらけだし。なにかあるとは思っていたけど、ねえ、まさかあんた、クスリなんかやってないわよね？」

ここ最近思っていたことを梨紗子さんが言うと、

「クスリ？　そんなの絶対やりませんよ。あれは弱者が頼るものです。ましてそんなことをしたら石島さんに嫌われちゃうじゃないですか？」

薄々感づいてはいたが、麗華の口からはっきりと「石島」という名前が出たのはショックだった。

「梨紗子さん、私は好きでこういうことになってるんです。今までのバカ男たちと石島さんは違うんです。肉体的にも精神的にも愛をもって追い込んでくれるメシアなんです」

そう言って麗華はブラジャーをそっと外した。豊満で綺麗な形をしていたバストが醜く削ぎ落とされていた。

梨紗子さんはショックのあまり泣き出してしまった。

「泣かないで下さい。これが私にとって最良の選択なんですから」

麗華はそう言いながら淡々と服をつけると、梨紗子さんの横をすり抜けトイレから出ていった。


翌日、麗華は出勤しなかった。その翌日もまたその翌日も彼女が店に姿を現すことはなかった。店長が連絡してもまったく繋がらないという。

梨紗子さんも、麗華と石島さんとの危ない関係を知ったことで連絡しづらいなと思っていたが、一応仲良くしていた同僚なのでダメ元でメールをしてみた。

すると意外にもすぐに返信がきた。

「きっとまた会えるどこかで　きっとまた会えるどこかで」

同じ言葉が繰り返されている。その意味はなんなんだろう？

完全にいかれちゃったのかなと心配になったが、もう住む世界がまったく違う人になってしまったのだと諦め、返信をせずに関係を切った。


それから二年が過ぎ、梨紗子さんはちゃんとした彼氏（現在のご主人）が出来、そろそろホステスを卒業しようと思っていた。

ある日中、非番だった梨紗子さんはゆっくり買い物をしようとデパートに来ていた。目的階に着きエレベーターを降りると、先の方から車椅子を押した男性がやって来る。見るともなしに、車椅子に座っている人に目をやってたじろいだ。

女性なのか、その頭は丸坊主に剃り上げられ、頭皮には細かく卍の入れ墨がされている。右目は黒いアイパッチが覆い、唇は右半分を失ったようになっていて歯茎がむき出しになっている。あまりに異様な様子だった。

「あっ梨紗子さん、お久しぶりです。石島です、覚えてますか？　お店には行かなくなって申し訳ありませんでした」

車椅子を押す男性が声を上げた。あの石島だった。思いもよらなかったので、梨紗子さんは大層びっくりした。そしてまじまじと見るが、石島の様子はまったく変わらない。

ということは――と車椅子の女性に目をやり、

「この方は――もしかして麗華ですか？　石島さんが来なくなってから麗華も突然辞めてしまったので」

梨紗子さんの言葉に、石島は柔らかに笑顔を浮かべながら、

「ええ、麗華から私たちの関係を知られてしまったと聞いておりました。でも、この娘は違いますよ」

車椅子の女は、アイパッチしていない左目からポロポロと涙を流している。

「麗華は亡くなったんです。不慮の事故で感電死したんです。この娘も事故に遭ってこのような有様に。では――きっとまた会える、どこかで」

極めて紳士的な口調で言うと、ちょうど到着して開いたエレベーターに車椅子を押

して乗り込んだ。

二人が階下へと消えて行くのを、梨紗子さんは啞然として見送ったそうだ。

「あの車椅子に乗っていた女が麗華に思えて仕方ないんです。まるで面影はなかったんですけど。ずっと私を片方の目で追って、涙を零《こぼ》してたんですもん」

梨紗子さんはそう言うと溜息を吐いた。

当事者でもないしあくまでも勘なんだけど、と前置きして、

「それは麗華ではなく、梨紗子さんのまったく知らないあかの他人だと思いますよ」

と私は言った。多分、なんの慰めにもならないだろうけど。

あとがき

どうでしたか？　楽しんで頂けましたか？　厭な思いになって頂けましたでしょうか？　読者の皆様がいずれかの感情を抱いて頂けましたら幸いと存じます。

かつて、故ジャイアント馬場さんが対談番組で某タレントにこんなことを言っていました。

「あんたら素人は、もう無理ってなったら稽古をやめるだろ？　私たちはねー、そのもう無理からが本当の稽古なんだよ」

当時はそうなんだぁくらいにしか思っていませんでしたが、今回『怪談手帖』の第三弾を上梓させて頂くにあたって、あの時の世界の巨人・ジャイアント馬場の言葉が少し理解出来たような気がいたしました。

アンソロジーを含めて私が書かせていただいた怪談本の四冊目となりますが、今回ほど「もう無理」と思ったことはありませんでした。

とにかくネタが集まらない。

大変失礼ではありますが、取材をしても同じテイストのものばかりで、時間ばかり過ぎる落胆の日々が続きました。それでも根気強く（二世なので根気ゼロのはずですが）、打席に立つ井端弘和のように粘っていたら、「これは！」と思うようなネタにも出会うことが出来ました。読者の方々にも、取材時に私が身を震わせたほどの怪異の喜びがうまく伝わればよいのですが――。

取材をさせていただきました皆様、ありがとうございました。


というわけで今回も書き終わりましたので、夜の街に繰り出したいと思います。

夜な夜な、嫌らしい目で繁華街の喧騒や闇を見つめながら徘徊したいと思います。

でもその活動が「書きたい！」というネタに繋がっていたりするから侮れません。

毎晩がリスタートになっているのかもしれません。

追伸・具体的にどうこうではないのですが、今年から来年にかけての目標と致しまして、この怪談手帖を映画化映像化出来たらと頑張っております。

もしも実現しましたら、皆様にもぜひご覧になって頂ければと思います。


最後に今回も様々な方のおかげで上梓することが出来ました。取材させていただいた皆様、N女史、竹書房の皆様、平山夢明兄者、佐藤企画G氏、誠にありがとうございました。

そしてなによりこの本を手にとって下さいました読者のあなた。

あなたが主役です（どこかのテレビ局の長時間番組の決め台詞）。

また近々、どこかでお目にかかることが出来たら、幸いや災いだと思って下さい。

皆様のご多幸とお不幸を願いつつ、ペンを置かせて頂きます。

八月小吉日　徳光正行

怪談手帖 遺言

2017年9月5日　初版第1刷発行

著者　徳光正行
デザイン　橋元浩明(sowhat.Inc.)
企画・編集　中西 如(Studio DARA)
発行人　後藤明信
発行所　株式会社 竹書房
〒102-0072 東京都千代田区飯田橋2-7-3
電話03(3264)1576(代表)
電話03(3234)6208(編集)
http://www.takeshobo.co.jp
印刷所　中央精版印刷株式会社

定価はカバーに表示しています。
落丁・乱丁本は当社にてお取り替えいたします。

ISBN978-4-8019-1189-5 C0176